Mario Junkes

Sagen & Legenden aus Schwaben

REGIONALIA
VERLAG

Inhalt

Sagen und Legenden von Jägern und Wäldern

Sagen und Legenden von Hexen, Zauberern und Zwergen

Sagen und Legenden von Geistern, Gespenstern und anderen Gesellen

Das Ländle und sein großes Herz

Liebe lesende Menschen,

willkommen an Bord zur nächsten Reise durch die Welt deutscher Sagen und Legenden. Dieses Mal geht es nach Schwaben. Beginnend mit dem Herzogtum Schwaben, einem der fünf Stammesherzogtümer des ostfränkischen Reiches, haben Geschichte und Zeit das uns heute als historische Landschaft Schwaben bekannte Gebiet entstehen lassen.

Im Laufe dieser Jahrhunderte hat das Ländle immer wieder nicht nur maßgeblich zur deutschen Geschichte beigetragen, sondern lieferte außerdem eine reichhaltige Schatzkiste an Sagen und Legenden. Dies inspirierte literarische Größen wie zum Beispiel Ludwig Uhland, Eduard Mörike und den unermüdlichen Ludwig Bechstein dazu, im 19. Jahrhundert weitreichende Forschungen auf diesem Gebiet zu unternehmen.

Die Ergebnisse ihres Schaffens – von unschätzbarem Wert! – haben sie in ihren Werken zusammengetragen und den nachfolgenden Generationen vermacht, sodass Ihr Autor heute die Gelegenheit hat, Ihnen ein kleines, süßes Stückchen dieser Torte anzubieten. Das Schwabenland bietet ein solch reichliches Büfett, dass es vollkommen unmöglich ist, auf den begrenzten Seiten dieses Buchs allem gerecht zu werden. Genug der Vorrede, gleich zur Sache, gleich nach Schwaben und seinem großen Herz.

Äffle und Pferdle sind eine schwäbische Institution wie die Sieben Schwaben. Mit treffsicheren Pointen liefern sie einen großen Beitrag zu unserer Kultur und führen uns zielsicher zum Heiligen Gral des Menschseins: über sich selbst lachen zu können. So sitzt das Pferdle einmal am Tisch, liest ein kleines Büchlein und es entfährt ihm ein »Heidernei!«. Unsicher, was das Pferdle so bewegt, fragt das Äffle, was es denn lese:

»Dei' Sparbuch.«

Schön, dass Sie da sind. Bleiben Sie gesund.

Trier, im Dezember 2021
Ihr Mario Junkes

Sagen und Legenden der Sieben Schwaben

Ludwig Aurbacher liefert in seinem zwischen 1827 und 1829 zunächst anonym veröffentlichten Werk »Ein Volksbüchlein« die nach Meinung Ihres Autors originalgetreueste Version der Sieben Schwaben. Gemäß dem Vorbild des Dichterfürsten belästigt Aurbacher das Publikum nicht lange mit Kleinigkeiten wie dem Benennen seiner Quellen, sondern kleidet stattdessen die Abenteuer der Sieben in das Gewand »einer schwäbischen Odyssee zur Iliade«, mit dem Agamemnon-Allgäuer, dem Achilles-Blitzschwab, dem Thersites-Knöpfleschwab, jemandem als Penelope und so vielem mehr.

Niemand anders als das Land Baden-Württemberg dient uns als Quelle für die Herkunft unserer Helden. Beim Allgäuer ist Nomen Omen, der Blitzschwab stammt aus Ulm, der Gelbfüßler aus Bopfingen, der Knöpfleschwab aus dem Ries, der Nestelschwab aus der Freiburger Gegend (oder vielleicht woanders her, denn er wusste es offenbar selbst nicht so genau), der Seehas stammt aus Überlingen und der Spiegelschwab aus Memmingen.

Mit einer tiefen Verbeugung vor Ludwig Aurbacher folgen deshalb, hauptsächlich auf die moderne Rechtschreibung angepasst und so wenig wie möglich verändert, die Abenteuer der schwäbischen Ritter der Kokosnuss und des Kesperwassers.

Alle Menschen, die nicht mit Flädle und Spätzle großgezogen wurden, finden ab Seite 64 ein Wörterbuch »Schwäbisch – Deutsch«.

»Wie alle Sieben für Einen, so für alle Sieben nur Einen.«

Wie die Sieben Schwaben nach Augsburg kommen und sich Waffen holen

Eintausend und etliche hundert Jahre nach Christi Geburt zogen die Sieben Schwaben in die weltberühmte Stadt Augsburg ein. Dort gingen sie sogleich zu dem geschicktesten Meister, um sich Waffen machen zu lassen, denn sie wollten ein Ungeheuer erlegen, welches zur selben Zeit in der Gegend des Bodensees hauste und das ganze Schwabenland in Angst und Schrecken versetzte. Der Meister führte sie in seine Waffenkammer, damit sich jeder einen Spieß oder eine andere Waffe auswählen konnte, die ihm zusagte. Der Allgäuer legte los:

»Bygost! Sind das auch Spieße? So einer wär' mir just recht – als Zahnstocher. Meister, nehmt für mich nur gleich einen Wiesbaum von sieben Mannslängen.«

»Potz Blitz«, sagte der Blitzschwab, »Allgäuer, progle dich nicht allzusehr.«

Der Allgäuer sah ihn mit grimmigen Augen an, als wollte er ihn damit durchbohren. Doch der Blitzschwab streichelte ihm den Kauzen und meinte versöhnlich:

»Eigentlich hast du recht, Männle: Wie alle Sieben für Einen, so für alle Sieben nur Einen.«

Der Allgäuer verstand ihn nicht, gab aber seine Zustimmung und den anderen war es auch recht. Also wurde denn ein Spieß von sieben Mannslängen bestellt und in einer Stunde war er fertig.

Ehe sie jedoch die Werkstatt verließen, kaufte sich jeder noch etwas Apartes: der Knöpfleschwab einen Bratspieß, der Allgäuer einen Sturmhut mit einer Feder darauf und der Gelbfüßler Sporen für seine Stiefel – denn die seien nicht nur gut zum Reiten, sondern auch zum Hintenausschlagen. Der Seehas (auch: Seehaas) aber wählte einen Harnisch, mit der Begründung, Vorsicht sei zu allen Dingen nütze, des Guten könne man nicht zu viel tun und nütze es nichts, so schade es auch nichts. Der Spiegelschwab gab ihm recht und meinte, auch er wolle einen tragen, allerdings nicht vorne auf der Brust, sondern hinten auf dem Hintern. Der Seehas meinte, der Spiegelschwab wolle ihn foppen, jener aber erwiderte:

»Merke: Hab' ich Mut und geh' ich vorwärts, so brauch' ich keinen Harnisch. Geht's aber rückwärts und fällt mir der Mut woandershin, ist der Harnisch dann am rechten Platz.«

Der Spiegelschwab ließ sich den Harnisch zurechtmachen – aus einem alten Balbiererbecken, das der Meister in seiner Rumpelkammer gefunden hatte. Nachdem die Sieben Schwaben alles auf Heller und Pfennig bezahlt und noch beim Metzger am Gögginger Tor gute Augsburger Würste eingekauft hatten, zogen sie aus der Stadt hinaus.

»Ein braver Mann geht geradeaus.«

Wie die Sieben Schwaben weiterziehen und welchen Weg sie einschlagen

Der Allgäuer ging an der Spitze, stimmte sein Posthörnle an und blies ein Trompetenstück. Hinter ihm kam der Seehas und dann der Nestelschwab, der dessen Bünkel auf dem Buckel trug und darauf folgte der Blitzschwab, der »Es geht ein Butzemann im Reich herum, Didum, Bidi, Bum« sang. Dann kam der Spiegelschwab und hinten grattelte und pfnauste der Knöpfleschwab mit seinen Häfen und Pfannen. Mann für Mann trugen sie zusammen ihren Spieß und sahen aus wie eine Reihe aufgespießter Lerchen.

Sie waren schon eine ziemliche Weile gegangen, aber jetzt erst fiel es ihnen ein: Welchen Weg sollten sie einschlagen, um zum Bodensee zu gelangen, wo das Ungeheuer hauste? Der Allgäuer meinte, sie sollten der Wertach nachgehen, dann kämen sie ans Gebirge und dann könnten sie den Bodensee nicht mehr verfehlen. Der Gelbfüßler aber meinte, über das Gebirge sei ein Umweg, sie sollten ihm folgen bis an den Neckar; der Neckar fließe in den Rhein und der Rhein in den Bodensee. Der Blitzschwab wollte von alldem nichts wissen:

»Potz Blitz! Ein braver Mann geht geradeaus.«

Die anderen lobten ihn und beschlossen, geradeaus zu gehen, zwischen Göggingen und Pfersen durch und weiter. Dann wateten sie durch die Wertach, weil die Brücke abseits lag, und gingen weiter über Stock und Stein, über Wiesen und Felder, durch Wüsten und Wälder, bergauf und bergab – bis sie an Ort und Stelle kamen.

»Den Esel kennt man an den Ohren.«

Wie die Sieben Schwaben sich von einer Zauberin wahrsagen lassen

Die Sieben Schwaben hatten auf dem Weg noch viele Abenteuer zu bestehen, woran sicher die alte Zauberin schuld war. Die saß nämlich außerhalb von Kriegshaber an einer Staude am Weg und kochte ein wunderliches Zeug durcheinander. Der Knöpfleschwab guckte in den Kessel hinein:

»Knöpfle sind's nicht.«

Der Blitzschwab meinte, er sehe auf der schwarzbraunen Brühe statt Pfeffer und Schmalz Mausdreck und Krötenaugen schwimmen, sodass es ihm fast den Magen umkehrte. Der Spiegelschwab aber ging auf die Zauberin zu und befahl, sie müsse ihm wahrsagen. Sie besah seine Hand und sagte:

»Wer Weiberjoch auf sich muss tragen
Hat wohl von großer Not zu sagen.«

»Die Alte spricht die Wahrheit«, sagte der Spiegelschwab und schob den Gelbfüßler hin. Dem lugte sie auch in die Hand und sagte:

»Einem, der ist übermannt
Dem ist Fliehen keine Schand'.«

Der Gelbfüßler dachte, sie stichele ihn wegen seiner Stiefel und sie wisse, dass er laufen könne. Die beiden schienen mit der Wahrsagerin zufrieden zu sein und so folgten auch die anderen. Zum Seehas sagte sie:

»Ein Ding man leget manchem vor
Wenn man es tät', der wär' ein Tor.«

Zum Knöpfleschwaben sagte sie:

»Was man erspart an seinem Mund
Das frißt die Katze oder Hund.«

Zum Nestelschwaben sagte sie:

»Den Esel kennt man an den Ohren
An der Red', Weise und Toren.«

Zum Allgäuer sagte sie:

»Der Wagen wird nicht wohl geführt
Wenn Ochsen ungleich angeschirrt.«

»Bygost!«, rief der Allgäuer, »das hab' ich selber schon oft gemerkt, wenn ich Mist gefahren hab'. Die Alte sieht einem glatt durch das Herz.«

Der Blitzschwab aber wollte mit einer Heidin nichts zu schaffen haben. Er stieß ihr den Kessel ins Feuer, sodass dieses prasselnd auseinanderfuhr und verlosch. Die Zauberin aber rief ihm voller Zorn mit kreischender Stimme nach:

»Jungfrau Lieb' ist fahrend Hab'
Heut Herzliebster, morgen Schabab.«

»Hott bedeutet wahr, hüst bedeutet nicht wahr.«

In diesen und den anderen Kapiteln wird erzählt, was sich vorderhand mit den Sieben Schwaben zugetragen hat

Es ist nun an der Zeit, dass der lesende Mensch mit den Helden dieser Geschichte näher bekanntgemacht wird. Alles von Wichtigkeit soll aufrichtig erzählt werden. Der Seehas hat seinen Schimpfnamen seit der Zeit, als die Sieben Schwaben ihre Abenteuer zu bestehen hatten.

Der Seehas stammt aus Überlingen am Bodensee, wo er zuerst als Eschhay, dann als Bannwart gearbeitet hat. Eines Tages traf er unweit von Freiburg im Breisgau den Nestelschwaben, und zwar hinter einem Zaun, wo der eine etwas zu tun hatte, was der andere soeben getan hatte. Sie machten gleich Bekanntschaft, wie es ehrliche Schwaben zu tun pflegen. Der Seehas fragte den Nestelschwaben, was für ein Landsmann er sei.

Der antwortete, er sei kein Landsmann, sondern nur ein Menbub bei jenem Bauern, der dort den Acker pflüge. Der Seehas merkte sogleich, mit wem er es hier zu tun hatte – und so ein Dummrian war ihm gerade recht. Er machte ihm daher den Vorschlag, er solle mit ihm kommen, als sein Knecht, der ihm den Bünkel trage. Wenn der Seehas etwas erzähle, solle er nichts weiter sagen, als dass es wahr sei. Der Nestelschwabe aber meinte, er wisse aber nicht, was wahr oder nicht wahr sei. Darauf antwortete der Seehas:

»Merk' dir, Bauernlümmel: Hott bedeutet wahr, hüst nicht wahr.«

Das verstehe er, meinte der Nestelschwabe. Er wolle gerne mit dem Seehas ziehen und ihm für einen Batzen Wochenlohn seinen Bünkel tragen, durch die ganze Welt und weiter.

Niemand weiß bis zum heutigen Tage, was für ein Landsmann der Nestelschwabe gewesen ist – ob ein Schwabe oder Schweizer, ob ein Pfälzer oder sonstwoher aus deutschen Landen. Er sprach in allen Landessprachen, doch keine vernünftig. Man nannte ihn den Nestelschwaben, weil er statt Knöpfen Nesteln an Janker und Hosen hatte. Da jedoch die meiste Zeit die eine oder andere Nestel zerrissen war, besonders an den Hosen, musste er immer mit einer Hand nachhelfen. Das war ihm so sehr zur Gewohnheit geworden, dass er es auch dann tat, wenn er es nicht hätte tun müssen.

Die beiden zogen weiter und kamen zum Gelbfüßler, der in Bopfingen ansässig war.

Wer den Schaden hat, braucht für den Spott nicht zu sorgen

Vom Gelbfüßler – und was sich weiter begeben

Bereits im Jahre 1575 hatte Johann Baptist Fischart in seinem Werk »Affentheurlich Naupengeheurliche Geschichtklitterung« beschrieben, dass alle Schwaben »gelb Füß» hätten. Es gibt viele Erklärungsansätze für die Entstehung – einer kleinlicher als der andere.

Versuchen wir, Gelbfüßler nicht als Schimpfwort, sondern als Necknamen zu verstehen, auch wenn die Bopfinger und andere Badener von Zeit zu Zeit ob ihrer Unbedachtheit immer wieder mit diesem Ausruf belegt werden – sehr laut belegt werden, vielfach hintereinander, im Tandem mit anderen, weniger druckreifen Worten.

Es ist eine Erinnerung daran, dass jede Nachbarschaft nicht immer einfach ist und dass es manchmal Dinge gibt, die unsere Geduld auf die Probe stellen. Es ist jedoch auch ein Zeichen dafür, dass Nachbarn sich vergeben und am nächsten Tag friedlich miteinander leben können.

In Schwaben wird erzählt, dass die Bopfinger eines Tages ihrem Herzog die jährliche Abgabe von Naturalien überbringen wollten – wie üblich in reinem Hennengold. Weil man dem Landesherrn eine Freude machen wollte, hatte man die Eier in einen Krättenwagen getan und – damit recht viele hinein passten – diese mit den Füßen eingetreten, was denn ihrer Ehrlichkeit keine Schande machte. Daher hatten alle, die aus jener Gegend stammten, in böser Leute Mund den Namen Gelbfüßler erhalten.

Zu einem von diesen, der ein Bopfinger Bote war, kam nun der Seehas und erzählte ihm, dass in dem großen Wald am Bodensee ein fürchterliches Tier hause, welches Land und Leuten großen Schaden tue. Beschreiben könne er es ihm nicht, aber es sei so groß wie eine wilde Katze, doch weit scheußlicher und grauenhafter anzusehen. Es habe Augen, so groß wie Goldgulden, die wie höllisches Feuer funkelten. Der Seehas stieß den Nestelschwab an.

»Nicht wahr, Landsmann?«

»Hüst«, sagte der.

»Hott«, gab der Seehas zurück.

»'S ist wahrlich wahr«, antwortete der Nestelschwab.

Der Seehas fuhr fort und beschwor den Landsmann, um des gemeinsamen Besten willen, er möge ihm mit Rat und Tat zur Seite stehen und in allen schwäbischen Gauen getreuliche Mitstreiter finden helfen. Der Gelbfüßler meinte, er könne zwar nicht fechten, aber wenn es auch mit Laufen getan sei, so würde er den Teufel auf freiem Felde fangen. Der Seehas sagte, so einen Mann könne er brauchen. Der Gelbfüßler schlug ein und sagte, er müsse nur noch seine Stiefel anziehen und sein Ränzle packen. Als dies geschehen war, zogen sie weiter.

Anfangs waren sie sich uneinig, welchen Weg sie gehen sollten, ob eher in Richtung Nördlinger Ries oder eher zur Donau. Der Gelbfüßler meinte, er habe gehört, dass im

Ries wohl viele Gänse seien, aber er wisse nicht, ob es auch Menschen dort gebe. Der Seehas aber meinte, das Sehen koste nichts:

»Und erfahren wir's nicht neu, so erfahren wir's doch alt.«

Und damit gingen sie in Richtung Ries.

Zwei Mägen, aber kein Herz

Vom Knöpfleschwaben – und was sich weiter zugetragen

Im gesegneten Schwabenland, insbesondere im Nördlinger Ries, besteht die löbliche Gewohnheit, dass es täglich fünf Mahlzeiten gibt: Fünf Mal Suppe, mit zwei Mal Knöpfle oder Spätzle dazu. Daher werden die Leute in der Umgegend auch Suppen- oder Knöpfleschwaben genannt – und man sagt, sie hätten zwei Mägen, aber kein Herz.

Der Seehas brachte dem Knöpfleschwab sein Gesuch um Mitstreiter vor und sagte, dass in dem großen Wald am Bodensee ein fürchterliches Tier hause, welches Land und Leuten großen Schaden zufüge. Augen habe es im Kopf, feurige, so groß wie ein Salzbüchsle.

»Hott«, bekräftigte der Nestelschwab sogleich, doch der Gelbfüßler stieß dem Seehasen in die Rippen – er solle nicht so lügen. Der aber ließ sich nicht beirren, sondern fuhr fort, das Ungeheuer wachse, je länger man es anstarre und werde so groß wie ein Pudelhund. Er bitte ihn also um der Landsmannschaft willen, er möchte ihm mit Rat und Tat beiseite stehen. Der Knöpfleschwab sagte, Fechten sei zwar seine Leidenschaft nicht, aber wenn sie einen brauchten, um ihnen Knöpfle zu kochen, so ziehe er gerne mit in das Abenteuer.

Als sie sich handelseinig wurden, packte der Knöpfleschwab Häfen und Pfannen zusammen und schloss sich den anderen an. Sie zogen nun in Richtung Lechfeld zum Blitzschwaben, den sie in einem Meitinger Wirtshaus bei einem Mäßle weißen Gerstenbiers treffen würden.

»Was ich heut' soll verzehren, ist gestern schon getan.«

Vom Blitzschwaben – und was sich sonst ereignet

Nachdem sich die Landsleute höflich und eifrig zugetrunken hatten, begann der Seehas zu erzählen. In dem großen Wald am Bodensee hause ein fürchterliches Tier, welches bei Land wie Leuten großen Schaden anrichte. Es sei so groß wie ein Mastochse, habe Augen im Kopf wie die Mondscheibe und das Tier wachse, je länger man es ansehe.

»Potz Blitz«, sagte der Blitzschwab, «das möchte ich mal sehen. Ich ließe es mir einen Dreibätzner kosten.«

Der Seehas sagte, er könne es umsonst sehen, wenn er nur mitkomme und ihm wie den Gesellen mit Rat und Tat beim Abenteuer zur Seite stehe. Darauf meinte der Blitzschwab, Fechten sei zwar sein Handwerk nicht, aber schimpfen könne er wie ein Rohrspatz und fluchen wie ein Weltmeister. Der Seehas meinte, man wisse zwar nicht, wozu diese Dinge gut sein könnten, aber er solle nur mitkommen.

Der Blitzschwab schlug ein, nachdem er noch ein Känntle Branntwein zu sich genommen hatte, der, wie er sagte, die Magenwinde verteilen solle, die das vermaledeite Bier mache. Dabei sang er ein Liedchen, denn er war ein lustiger Vogel, was man ihm sogleich anmerkte:

»Wo soll ich mich hinkehren
Ich dummes Brüderlein
Wie soll ich mich ernähren
Mein Gut ist viel zu klein

Wie wir ein Wesen ha'n
So muss ich bald daran
Was ich heut' soll verzehren
Ist gestern schon getan.«

Damit zogen die Gesellen weiter und kamen zum Spiegelschwaben, der in Memmingen zu Hause war.

»Gott verlässt keinen ehrlichen Schwaben nicht.«
Vom Spiegelschwaben und dem Allgäuer – und was ferner geschehen

Zu dieser Zeit waren Fazinetle noch nicht weitläufig im Gebrauch und daher schlenzten einige das Ding gleich von sich weg, was die vornehmen Leute in die Tasche zu stecken pflegten. Andere schmierten es unter die Üchse oder zwischen die Grattel, wo es sich von selbst abwetzte. Wieder andere dagegen, so auch der Spiegelschwab, wischten es an den Vorderärmel, wo es sich zum Spiegel ansetzte und beim Sonnenschein glänzte.

Zusammen mit seinen Kumpanen traf der Seehas den Spiegelschwaben und stellte ihm das Anliegen vor: Am Bodensee hause ein Ungeheuer, so groß wie ein Trampeltier, mit Augen so groß wie Mühlsteine. Der Seehas bitte daher, er möge um des gemeinen Besten willen mit Rat und Tat zur Seite stehen. Der Spiegelschwab meinte, Rat könne er geben, aber mit der Tat sehe es schlecht aus. Er könne nicht einmal Herr über seine Frau werden – denn die habe sieben Häute, wie eine Memminger Zwiebel. (Die Zauberin würde also Recht behalten.) Der Spiegelschwab kenne jedoch einen, der es sogar mit dem Teufel selbst aufnehme: den Allgäuer.

Diesen suchten die Gesellen sogleich auf. Der Allgäuer war sofort einverstanden und bereit, obwohl der Seehas ihm das Ungeheuer noch viel schrecklicher darstellte: Es sei so groß wie ein Haus und habe Augen im Kopf wie Mühlräder, die bei jeder Umdrehung Feuer auswürfen.

»Bygost«, sagte der Allgäuer, »es wird halt wohl nur ein Vieh sein und der Mensch ist mit Gottes Hilfe stärker als alles Getier auf Erden.«

»Ja«, sagte der Seehas, «und es geht ein Sprichwort: Gott verlässt keinen ehrlichen Schwaben nicht.«

Durch diese Reden erhielten die übrigen noch einmal doppelt so viel Mut und sie gaben sich alle getreulich die Hand, dass sie einander beistehen wollten als Freunde und Landsleute, in allen Gefahren und Nöten des Leibes und der Seele. Und so beschlossen die Sieben Schwaben, wie schon oben erzählt worden, zuerst nach Augsburg zu gehen. Dort wollten sie, wie es sich für tapfere Christenmenschen geziemt, sich vor allem mit Waffen und Ausrüstung versorgen.

Am Tod gestorben

Wie die Sieben Schwaben auf einen Bären stoßen und was sie dazu sagen

Nach dieser eingeschobenen Vorgeschichte gilt es nun, die Sieben Schwaben auf ihrem Weg einzuholen – schnell, schnell – und da sind sie ja auch schon, vier bis fünf Stunden von Augsburg entfernt, in einem Hohlweg, den sie eben durchschritten haben. Doch siehe da: Ein großmächtiger Bär lag da am Weg, aber der Allgäuer bemerkte ihn nicht eher, bis er fast mit der Nase auf ihn fiel und schrie, was er konnte:

»Ein Bär! Ein Bär!«

Damit stieß er den Spieß aus Leibeskräften gegen das Tier. Doch das rührte sich nicht mehr – denn es war mausetot. Darüber erfreut, schaute der Allgäuer sich um und sah seine Gesellen alle auf dem Boden liegen. Weil er meinte, sie seien auch tot und er habe sie hinterrücks mit dem Spieß erstochen, fing er laut an zu lamentieren. Die anderen aber waren, man weiß nicht, ob aus Schrecken, oder weil sie den Spieß zu fest gehalten hatten, lediglich zu Boden gefallen. Als sie hörten, dass der Bär tot sei, standen sie frisch und gesund wieder auf und stellten sich um den Bären herum. Der eine rupfte ihn am Pelz, der andere steckte gar seine Hand in den Rachen und kein einziger fürchtete sich mehr vor ihm.

Als sie den Bären näher untersuchten, fanden sie kein Loch an ihm als das, was er schon zu Lebzeiten gehabt hatte. Nun bemerkten die sieben, dass er nicht erstochen worden, sondern einfach gestorben war. Der Spiegelschwab warf die Frage auf, was wohl die Ursache gewesen sein mochte und der Knöpfleschwab sagte:

»Hunger. Was denn sonst?«

»Nein«, sagte der Gelbfüßler, »die Kälte war's.«

Und so hatte jeder seine eigene Meinung, wie die Schildbürger ob des toten Wolfs. Erraten aber hatte es nur der Spiegelschwab, der pfiffigste unter ihnen. Er sagte, der Bär sei nicht an Krankheit, sondern am Tod gestorben.

Danach berieten sie, was sie mit dem Untier anfangen wollten. Nach langem Hin-und-her-Reden beschlossen sie, ihm die Haut abzuziehen und diese sollte demjenigen gehören, der sich bei ihrem Abenteuer am männlichsten halten werde. Das Aas ließen sie liegen und einer der Sieben hielt die kurze Grabrede:

»So mögen ihn die Schafe fressen, wie er zuvor die Schafe gefressen hat.«

»Hy, Ochs'!«
Wie die Sieben Schwaben in den Stauden stecken bleiben

Es ist uns Menschen des 21. Jahrhunderts nicht immer bewusst, dass es eine Zeit ohne PKW und Autobahnen gab. Wenn man heute von Augsburg zum Bodensee nach Überlingen möchte, sind es mit dem Zug zweieinviertel und mit dem Auto zweieinhalb Stunden. Die Superreichen brauchen mit dem Hubschrauber nur eine Stunde. Ein trainierter Radfahrer schafft die Strecke in sieben Stunden und auch Ihr Autor könnte, motiviert von einem Lauf, es mit seinem Drahtesel an einem Tag schaffen. Doch zur Zeit der Sieben Schwaben waren selbst Einspänner ein Luxus, ebenso wie befestigte Straßen zwischen Hintertupfingen und Buxtehude. Hackenporsche war das gebräuchlichste Verkehrsmittel und bezahlt wurde in Fersengeld. Nicht einmal festes Schuhwerk war eine Selbstverständlichkeit, vor allem nicht für den Gelbfüßler.

Die nachfolgenden Stauden sind übrigens entweder ausdauernde, krautige, nicht vergehende Pflanzen oder der südliche Teil des Naturparks Augsburg – Westliche Wälder. Vielleicht auch beides.

Als die Sieben Schwaben tiefer in die Stauden gelangten, blieben sie darin stecken. Der Wald wurde immer dichter und dichter. Als der Allgäuer nun vor einem Baum stand, sagte er:

»Bygost! Durch muss ich.«

Der Allgäuer drückte und schob und beugte den Spieß so gewaltig seitwärts, dass der Knöpfleschwab zwischen einem Baum und dem Spieß eingeklemmt wurde. Keiner konnte mehr vorwärts noch rückwärts. Wieder wurde wahr, was die Zauberin prophezeit hatte:

»Der Wagen wird nicht wohl geführt
wenn ungleich Ochsen angeschirrt.«

Die Gesellen wollten zwar ihren Kumpan wieder befreien, da sie aber wie wild an ihm rissen, der eine nach oben, der andere nach unten, nach links und rechts zu gleicher Zeit, so ging es eben nicht vorwärts und sie hätten ihn fast gevierteilt. Endlich besann sich der Allgäuer und rief:

»Bygost! Ich müsste des Teufels sein, wenn Gott mir nicht helfe!«

Und er sagte:

»Hy, Ochs'!«

Dann packte der Allgäuer den Baum, der den armen Knöpfleschwaben einzwängte, und riss ihn mit einem Mal aus der Erde. Der Knöpfleschwab sank halb entseelt zu Boden, als sei er dort wie ein Pflock eingeschlagen. Danach bekamen die Gesellen erst recht Respekt vor dem Allgäuer, den sie zwar für kräftig, aber eher ungeschickt gehalten hatten.

Aurbacher schließt mit folgendem Satz:

»Und der günstige Leser, welcher das Stücklein nicht glauben will, kann selbst nachsehen auf dem Platz, wo der Baum noch liegt bis auf den heutigen Tag.«

Menschliche Balz: Eindeutig zweideutig

Wie die Sieben Schwaben einem Mägdlein begegnen und wie der Blitzschwab von ihr auf die Kirbe geladen wird

In der Gegend von Schwabeck erblickten die Sieben Schwaben auf dem Feld eine schöne Bauerntochter. Sie war ihnen allen sofort ins Auge gefallen, dem Blitzschwaben aber am meisten. Das Töchterle sagte züchtig und andächtig:

»Gelobt sei Jesus Christus.«

Die sieben antworteten allesamt:

»In Ewigkeit, Amen.«

»Potz Blitz«, sagte der Blitzschwab, »das Mädle muss ich anreden.«

Er ging auf sie zu und fragte, wie sie heiße.

»Käther. Ich komme aus der Grafschaft Schwabeck.«

Dabei sah sie ihm freundlich ins Gesicht, denn der Blitzschwab war kein unübler Kerl. Der fragte, ob sie ihn nicht heuren möchte. Das Mädle lachte und entgegnete:

»Wenn einmal die Mannsleute so fäsig sind wie Pfeffernüsse.«

Der Blitzschwab sagte, sie solle ihm doch gleich ein Schmätzle geben, anstelle des Drangelds. Die Jungfer aber erwiderte, eine Ohrfeige könne er haben, aber keinen Kuss.

Der Blitzschwab merkte, dass das nicht ihr Ernst war und er nahm sie bei der Hand, was jene zuließ. Er fragte, ob er denn gar keine Hoffnung habe, wenn er wiederkäme, und dabei schmeichelte er ihr, streichelte sie, nannte sie Schatzhauser, Herzkäferle und Skapulierläusle und schwätzte allerhand närrisches Zeug, wie verliebte Leute es zu tun pflegen. Das Mädchen aber hatte bald genug und sie sagte, er soll ihr auf die Kirbe kommen. Der Blitzschwab ging fort, sah sich aber noch einmal um und sagte:

»Nichts für ungut.«

Und so wurde der Blitzschwab brav nach Hause geschickt. Es war zwar grob, was sie gesagt, aber notwendig und deshalb gut. Die Gesellen stimmten darin überein, dass sie eine wunderschöne Tochter sei, wie es die schwäbischen Mädchen alle sind, ausgenommen die wüsten. Der Allgäuer meinte:

»Bygost! Wenn die Föhl aus dem Allgäu wäre, ich wüßt' nicht, was ich tät'.«

Doch dem Blitzschwaben ging seit dieser Zeit die Käther aus der Grafschaft Schwabeck nicht mehr aus dem Kopf. Er nahm sich fest vor, ihr auf die Kirbe zu kommen.

»Wart e bissele
Beit e bissele
Sitz e bissele nieder
Und wenn du e bissele g'sessen bist
So komm und sag's dann wieder.«

Bayern – Spvgg Schwaben 0:7

Wie die Sieben Schwaben einem Bayern begegnen und wie sie ihn heimschicken

Böse Zungen behaupten, das Mindelheimer Wappen (eine Glocke über Wellen) symbolisiere die Bereitschaft ihrer Einwohner, im Anblick der geringsten Gefahr ihre Wertsachen im Wasser zu versenken – ganz wie Goscinnys und Uderzos Piraten, wenn sie zwei bestimmte Gallier erblickten. Immerhin schien man in Mindelheim nicht den Bootsrand zu kerben.

Die Sieben Schwaben näherten sich Mindelheim, ließen es jedoch abseits liegen. Vielleicht wollten unsere Helden die Mindelheimer vor sich selbst schützen, dass sie nicht Furcht vor ihnen bekämen, denn es soll vor langer Zeit ein einziger feindlicher Reiter ihre Stadt eingenommen haben.

In der Nähe von Aurbach (vermutlich: Auerbach, Ortsteil von Horgau) begegnete den Sieben ein Bayer. Sie sahen ihm sogleich an seinen Häß (auch: Häs) an, was für ein Landsmann er sei. Er war ein Bräu aus München, hatte Säu ins Reich getrieben und dafür in Memmingen Hopfen eingehandelt. Der Bayer blieb am Weg stehen, ließ die Spießmänner an sich vorbeigehen und hatte Lust, sie auszulachen. Der Blitzschwab fragte ihn, was er so luge, ob er denn noch nie einen Schwaben gesehen habe.

»O ja«, sagte der Bayer, »bei mir daheim in der Kuchel gibt's Tausende.«

»Potz Blitz, Malefiz!«

Der Blitzschwab schnaubte sein Mantra und ging auf den Bayern zu. Der aber war ein Fetzenkerl und der Blitzschwab reichte ihm gerade bis zum Nabel. Doch ehe der Bayer sich versehen hatte, sprang der Schwab an ihm in die Höhe und gab ihm eine solch knallende Ohrfeige, dass ihm das Feuer aus den Augen schoss und die Ohren vom Schlag sausten. Der Bayer aber war nicht faul, holte weit mit dem Arm aus, um dem Schwäblein auch eine zu versetzen – und es wäre eine Watsche gewesen, an die der sein Lebtag gedacht hätte.

Aber weil der Blitzschwab ebenso geschwind wieder auf dem Boden war, putzte der Bayer nur die Luft sauber. Die Wucht des Schlages war so dermaßen, dass er sich drehte wie ein Kreisel, dann stolperte und umfiel. Jetzt aber ging es erst richtig los:

Der Blitzschwab packte den Bayern an der Gurgel, die anderen hielten ihn an Händen und Füßen, trommelten auf ihn los – und doch hätte der Bayer die Oberhand behalten und hätte sie beinahe alle von sich geschleudert wie die linke Hand des Teufels. Erst als endlich auch der Allgäuer sich wie ein Maltersack auf ihn fallen ließ und drohte, er werde ihm das Licht ausblasen, war der Bayer unterlegen und man erlaubte ihm, sich zu verziehen.

Als er nach München zurückkam, ließ er die Sieben Schwaben an sein Haus malen zum ewigen Gedächtnis – und noch heute sind sie dort zu sehen.

Lichtgestalt in der Seele, den Leibhaftigen auf den Lippen

Das Kapitel vom Waldbruder

Die Sieben Schwaben zogen weiter in das Kreuz und in die Quere. So kamen sie dann zur Klause eines Waldbruders. Der saß vor seiner Zelle und las in einem Buch. Mit abgesetztem Käpple, wie es sich für Christenmenschen geziemte, baten sie ihn, er möge ihnen den rechten Weg weisen. Der Klausner las jedoch gerade das Traktat »Contra facetias«, zu Deutsch: gegen die Fachsen. Nun stand plötzlich das fleischgewordene Konterfei von Fachsenmachern vor ihm und der fromme Mann fuhr die Sieben an:

»Den Weg soll ich euch weisen, ihr Landfahrer? Die Schellen will ich euch stimmen, ihr Schalksnarren! Die Federn will ich euch beschneiden, ihr Fatzvögel! Den Grind will ich euch einäschern, ihr Fastnachtsbutzen!«

Der Seehas unterbrach die Rede und wollte erklären, dass in dem großen Wald am Bodensee ein fürchterliches Ungeheuer hause – doch dem Klausner drückten allerlei kalte Furchenphilosophen aufs Gemüt. Er ließ den Seehas nicht ausreden, sondern brüllte:

»Herrgott im Himmel! Was für Höllen-Lumpen hast du auf Erden! Da ziehen sieben Kalfakter herum im Reich, zu Schand' und Spott des Schwabenlandes und der Christenheit! Gibt's denn nichts Nützliches zu tun in der Welt für Schlingel wie euch? Gibt's keine Hafen mehr zu binden, keine Pfannen zu flicken, keine Scheren zu schleifen? Schert euch fort, ihr Scheurenburzler! In den Stock mit euch, in die Geige, an den Galgenbaum, ihr Vaganten, ihr Lyranten, ihr Komödianten!«

»Potz Blitz«, sagte der Allgäuer.

»Bygost«, der Blitzschwab, vor lauter Staunen und Starren.

Der Allgäuer aber schlug mit dem Wiesbaum nach rechts ein und zog die Sechs hinter sich her. Der Blitzschwab stimmte seine Fiedel und begann, ein Liedchen zu singen, sodass von dem unflätigen Schelten des Waldbruders nichts mehr zu vernehmen war.

Bis über die Grenze mit Sichel und Sense

Welches Lied der Blitzschwab gesungen

»Guten Morgen, Spielmann
Wo bleibst du so lang?
Da drunten, da droben
Da tanzen die Schwaben
Mit der kleinen Killekeia
Mit der großen Kumkum.

Da kommen die Weiber
Mit Sichel und Scheiben
Und wollen den Schwaben
Das Tanzen vertreiben
Mit der großen Killekeia
Mit der großen Kumkum.

Da laufen die Schwaben
Und fallen in Graben
Da sprechen die Schwaben
Liegt ein Spielmann begraben
Mit der kleinen Killekeia
Mit der großen Kumkum.

Da laufen die Schwaben
Die Weiber nachtraben
Bis über die Grenze
Mit Sichel und Sense
Guten Morgen, Spielleut'
Nun schneidet das Korn!«

Den Memminger Mond zu sehen gewohnt

Wie der Blitzschwab Händel bekommt mit dem Spiegelschwaben und wie sie wieder gut Freund geworden sind

Es war schon Nacht, als die Sieben Schwaben aus dem Wald wieder ins Freie und auf die Landstraße gelangten. Soeben ging der Mond auf und der Spiegelschwab sagte:

»Jetzt haben wir gewonnen, Memmingen ist nicht mehr weit.«

Der Blitzschwab fragte ihn, wie er das wissen könne.

»Werde ja wohl doch den Memminger Mond kennen«, gab der Spiegelschwab zurück.

»Potz Blitz, wie blitzdumm«, sagte der Blitzschwab. Kaum hatte er das gesagt, kassierte er schon seine Dachtel vom Spiegelschwaben, der alles ertragen mochte, nur nicht, wenn man ihn für dumm hielt. Der Blitzschwab schrie vor lauter Wut:

»Dass dir der Blitz ins Maul platz', du Lalle, du Ginkel, du Takel, du Kog.«

So ging es die ganze Litanei durch. Der Spiegelschwab wurde ebenfalls immer wilder und so gerieten sie einander in die Haare und rauften sich wie zwei Metzgerhunde. Der Seehas bat den Allgäuer, er solle die beiden auseinander bringen und Frieden machen. Der ließ sich nicht lange bitten, packte sogleich mit seiner Rechten den Blitzschwaben am Hosenbändel und hielt ihn in der Luft wie einen Frosch, mochte er zappeln, wie er wollte. Der Spiegelschwab ließ nicht nach, dem Blitzschwaben aufs Brät zu klopfen und so packte der Allgäuer ihn kurzerhand mit der Linken und hielt ihn am Leible, unter der Gurgel, so fest, dass der Blitzschwab wie ein Böcklein starr stand und sich nicht mucksen konnte.

»Bygost! Ich will euch Hores Mores lehren, ihr donnerschlächtigen Strolkerle!«

Der Allgäuer schüttelte den einen und drosselte den andern immer ärger und ärger, bis sie endlich einander versprachen, wieder gute Freunde sein zu wollen – und genau das sind sie auch geblieben, von diesem Tag an bis zu ihrem Tod.

»Mir dampft ja schon die Bluse.«

Wie der Blitzschwab an dem Allgäuer Rache nimmt

Der Blitzschwab konnte es jedoch nicht verwinden, dass der Allgäuer ihm so übel mitgespielt hatte und er wollte es ihm gelegentlich einschenken und dabei Gleiches mit Gleichem vergelten. Der Blitzschwab beriet sich darüber mit dem Spiegelschwaben, doch damit der Allgäuer aus dem Spaß keinen Ernst machte – denn sie wussten, im Zorn hätte er sie wie Zaunstecken mitten entzwei gebrochen – fragte der Blitzschwabe wie beiläufig:

»Allgäuer, wenn ich's mit dir aufnehme und dich auf den Boden werf' und durchprügle, was tust du mir?«

»Bygost«, sagte der Allgäuer und lachte, »wenn du mich auf den Boden bringst, so magst du mich meinetwegen totschlagen, ich seh's dir nicht nach.«

»Ein Mann, ein Wort«, sagte der Blitzschwab.

Nach einer Weile ruhten sie auf der Halde vor Memmingen aus. Der Allgäuer hatte das Ganze schon wieder vergessen, als der Blitzschwab zu ihm sagte:

»Allgäuer, du bist noch nicht mal einen Kopf größer als ich.«

»Bygost«, erwiderte der, »du reichst mir nicht mal bis unter die Grattel. Lass uns mal nachmessen. Es gilt einen Dreibätzner! Steh' auf und streck' dich grad.«

Der Allgäuer erhob sich, streckte sich und stand gerade wie eine Hopfenstange. Der Blitzschwab witschte hinter dessen Rücken, steckte den Kopf unter seine Grattel und stieß ihm beide Fäuste in die Kniekehlen. Der Allgäuer taumelte und der Blitzschwab gab ihm einen Schubs, sodass er am Boden lag wie ein Hopfensack. Der Blitzschwab fiel geschwind wie der Wind über ihn her.

»Jetzt rühr' dich nicht«, sagte er, »ein Mann, ein Wort.«

Der Allgäuer hatte Ehre im Leib und so ließ er den Blitzschwab nach Herzenslust auf ihm herumfäusteln. Nach einer Weile aber wurde es dem Allgäuer doch zu arg, denn der andere wollte partout nicht nachlassen, als bis er ihn grün und blau geschlagen habe.

»Bygost«, sagte er, »mich pikst eine Fliege.«

Damit gab er dem Blitzschwaben ein Hirnbätzle, sodass der einen unfreiwilligen Purzelbaum schlug – und damit hatte der Streit ein Ende.

Wenn man genau hinhört, kann man bei den Raufereien unserer Helden dieselben Geräusche vernehmen wie bei Bud Spencer und Terence Hill. Knuff! Patsch! Bumm! Zang!

Bis dass der Bär euch scheidet

Was für eine Gefahr dem Spiegelschwaben droht und wie er sich daraus errettet

»Durch Memmingen gehen wir nicht, obwohl da gute digene Würste zu haben sind«, sagte der Spiegelschwab. Als man ihn fragte, weshalb sie nicht durch die Stadt ziehen sollten, blaffte er nur zurück, er müsse es doch wohl am besten wissen.

»Sei's drum«, meinte der Nestelschwab, »wir können ja um die Mauern herum und dann zum anderen Tor hinaus.«

Die Sieben Schwaben gingen also um die Mauer herum durch die Hopfengärten. Doch es zeigte sich schnell, dass der Mensch seinem Schicksal nicht entgehen kann. Ehe sich der Spiegelschwab versehen hatte, sprang aus einem Hopfengarten eine Frau auf ihn zu, eine rechte Runkunkel. Sie schrie in einem Ton, der durch Mark und Bein ging:

»Bist du endlich wiederum da, du Schlingel? Wo bist du so lange Zeit herumkalfaktert, du Galgenstrick?«

Der Spiegelschwab erkannte sogleich seine bessere Hälfte und rief:

»Helft mir, alle Heiligen, der Teufel ist los!«

Schon war er in den nächsten Hopfengarten hineingehuscht, seine Frau ihm gleich hinterher. In der Herzensangst fiel ihm eine List ein. Er hatte nichts zu tragen, weil er nichts anderes dabei hatte als das Bärenfell. Das warf er in aller Eile über den Kopf, schlüpfte in die Bratzen und rannte nun auf allen Vieren wie ein leibhaftiger Bär.

Als seine Frau näher kam, richtete der Spiegelschwab sich auf und trappelte brummend auf sie zu. Die sah einen Bären immer größer werden, schrie laut auf und rannte Hals über Kopf davon. Der Bär aber holte sie ein, drückte und herzte sie, dass ihr fast die Sinne vergingen. Dann ließ er sie los und folgte seinen Gesellen.

Seit dieser Zeit werden böse Männer von den Memminger Frauen Brummbären genannt.

An gute Kehlen zu verschenken: Märzenbier im April

Wie sie gegen Wissen und Willen in die Stadt Memmingen kommen und dort Bierbeschau halten

Die anderen sechs Schwaben waren unterdessen bereits weitergegangen und standen jetzt vor dem Leutkircher-Tor.

»Da müssen wir nun hinaus«, sagte einer.

Sie gingen also durch das Tor und gelangten in die Stadt, ohne es zu wissen und zu wollen. Wie aber kein Unglück ohne Glück ist, so hatte es sich hier auch begeben, denn das erste Haus, das ihnen auffiel, war ein Wirtshaus. Davor stand ein Maibaum und über der Tür war zu lesen:

›Hier schenkt man Märzenbier aus.‹

Als unsere Schwaben das sahen, dachten sie, das Märzenbier sei umsonst. Der Wirt sah sie mit dem großen Spieß kommen, eilte ihnen erschrocken entgegen und fragte, was ihr Anliegen sei. Man mochte ein wenig von seinem Märzenbier kosten, sagte der Allgäuer und ging mit den Gesellen in die Zechstube.

Der Wirt vermutete, sie seien von der schwäbischen Kreisregierung geschickt worden, um in Schwabenland Bier zu beschauen und zu schätzen, ob es biersteuerpflichtig sei. Also holte er das beste Märzen, das er im Keller hatte – doch es war noch nicht gut. Aber die Gesellen tranken eine Bütsche um die andere aus. Der Wirt meinte, er sehe mit Freuden, dass es ihnen wohlschmecke. Der Blitzschwab aber entgegnete, es könnte besser sein und es sei zu wenig Malz und Hopfen drin.

»Mit Verlaub«, sagte der Wirt, der auch ein Schalk war, »Hopfen und Malz ist nicht zu wenig drin, aber zu viel Wasser.«

Darüber lachte die Runde und dem Blitzschwaben fiel der Spruch ein, dass Langensalz ebensogut Memmingen heißen könne und gab den Lyranten:

»Zu Langensalz
Braut man drei Bier aus einem Malz
Das erste heißet man den Kern
Das trinken die Bürgermeister gern.

Das andere heißt das Mittelbier
Das setzt man gemeinen Leuten für
Das dritte heißt Covent
Trink dich potz schlapperment.«

Danach spielte er ein paar lustige Lieder auf, dem Wirt zu Ehren. Nachdem die Gesellen sich ordentlich voll getrunken hatten, standen sie auf und zogen davon, als seien sie keine Zeche schuldig. Der Wirt ließ sie gehen, denn schon damals waren Amtleute schlafende Hunde. Es sei ihm eine große Ehre gewesen und sie sollten nur das Beste von seinem Bier vermelden.

Das taten sie auch und konnten sich nicht genug wundern, dass man in Memmingen das Märzenbier ausschenke. Und weil, wenn zwei Verschiedenes denken, es das Gleiche ist, wurde der Wirt ohne Wissen und Willen von seinen Landsleuten gefoppt. Jeder wusste aber, dass ihm der freie Trunk von anderen Landsleuten reichlich bezahlt worden war.

Für die weniger im Bierbrauen und -trinken versierten lesenden Menschen: Märzenbier wird zwar traditionell tatsächlich im März gebraut, doch muss danach noch eine Weile lagern. Ein Maibaum steht in der Regel am 30. April oder am 1. Mai, je nach Gemeinde auch ein paar Tage eher oder später.

Märzenbier sollte jedoch sechs bis acht Wochen reifen und ist folglich in der Regel zu dieser Zeit noch nicht schankbereit. Der Blitzschwab hatte also richtig vermutet. Traditionell ist die Märzenbiersaison im Herbst – zum Beispiel am Oktoberfest auf dem Cannstatter Wasen oder zur Münchner Wies'n.

Es war in deutschen Landen seinerzeit Vorschrift, wie zum Beispiel bereits in der bayrischen Brauordnung aus dem Jahr 1539 festgelegt, dass vom 23.04. (Georgi) bis zum 29.09. (Michaeli) nicht gebraut werden durfte. Grund war die erhöhte Brandgefahr durch das Biersieden. Schon damals wussten die Leute: Biergenuss und Freiheit gut – Gesundheit und Schutz des Volkes besser. Es ist jedoch anzunehmen, dass die Ahnen der heutigen Impf- oder Maskenverweigerer massiv schwarz brauten.

Das Märzenbier, ob aus legalem oder illegalem Braukessel entstanden, musste also länger haltbar sein. Dazu wurde es stärker gehopft und erhielt dadurch eine höhere Stammwürze sowie einen gesteigerten Alkoholgehalt. Es ist eine Bereicherung in der breiten Palette des Gerstennektars und verdient eine würdigende Verkostung – vielleicht mit einem frischen Weißbrötchen und würzigem Camembert, einem Stück Fladenbrot mit Schafskäse, oder einem Ciabatta und einer Scheibe Roquefort? Welch' wundervolle Zeit, Mensch zu sein.

»Ich geh' schwimmend durch die Straßen ...«

Wie unsere Schwaben durch das blaue Meer schwimmen, ohne zu ersaufen

Ein wackerer Schwabe kann, wenn es sein muss, jederzeit seine fünf Mäßle Bier auf einen Sitz trinken und immer noch seine Wege und Stege finden. Unsere Schwaben hatten dieses Mal entweder zu tief in den Krug geschaut, oder eine der zehn Bütschen Märzen war schlecht gewesen. Es war ihnen nicht recht just im Kopf, denn kaum waren sie aus dem Stadttor hinaus, verirrten sie sich in den Hopfengärten, verloren die Landstraße und der Spiegelschwab suchte sie auf dem Weg nach Leutkirch vergebens einzuholen. Als sie aufs freie Feld kamen, sagte der Allgäuer:

»Bygost, was soll das alles? Haben wir keinen Weg, so machen wir uns halt einen. Die Iller werden wir doch wohl noch finden und dann kann die Brücke auch nicht mehr weit sein.«

Also gingen sie weiter, querfeldein, dann über das Brachfeld, immer weiter. Der Allgäuer blies, der Blitzschwab sang Lieder wie »Es flog ein klein' Waldvögelein«, der Knöpfleschwab keuchte und stolperte, fiel ein ums andere Mal und musste gleich wieder aufstehen. Inzwischen wurde es dunkel und sie irrten umher, obwohl der Allgäuer von fern noch den Grindten sehen konnte. Mit einem Mal standen sie an einem Abhang. Unten, so schien es ihnen, lag ein See, denn sie konnten die Wellen sehen. Es war jedoch ein Feld voll Flachs. Der stand in der Blüte, da Wind blies und es wallte und wogte – aber es war kein Wasser.

»Potz Blitz«, rief der Blitzschwab, »was ist da zu machen? Wir müssen hindurch, sonst kommen wir nicht an Ort und Stelle. Allgäuer, mach' den großen Christoph und trag' uns hinüber!«

»Bygost«, erwiderte der Allgäuer, »ins Wasser mag ich gerne gehen, aber nicht weiter als bis zum Hals.«

Der Nestelschwab lamentierte, er könne nur mit einer Hand rudern, weil er mit der anderen die Hosen halten müsse. Der Knöpfleschwab stand betrübt da und lugte ängstlich auf das Wasser hinab – ob keine Walfische darin seien. Der Blitzschwab sah die Not seines Kumpans, ging ganz stät von hinten an ihn heran und mit einem ...

»Frisch gewagt ist halb geschwommen.«

... gab er ihm einen Stoß, dass der Knöpfleschwab im nächsten Moment unten war.

»Der sinkt nicht«, sagte der Gelbfüßler, »es kann nicht tief sein, da kann man's wagen.«

Sogleich hüpfte er flink und frisch hinunter wie ein Laubfrosch, der Blitzschwab hinterher, nachdem er sich vorher in die Hände gespien und einen tüchtigen Anlauf genommen hatte.

»Bygost«, sagte der Allgäuer, »der letzte will ich auch nicht sein.«

Er warf den Spieß voraus und hüpfte hinterher. Der Nestelschwab aber hatte sich an des Allgäuers Hosenbund geklammert und kam deshalb unten sanfter an als die übrigen. Dies war das einzige Mal, dass er etwas Gescheites getan hatte.

Da lagen sie nun alle, anfangs unbeweglich wie Holzblöcke. Erst nach einer guten Weile rührten und streckten sie ihre Glieder, langsam, unsicher, wie halb zerstampfte Würmer, und dann krochen sie allmählich heraus, wie Schnecken aus ihrem Häusle. Endlich standen sie wieder, wie Menschen, oder doch immerhin menschenähnlich, und keiner sagte ein Wörtle. Man griff nach den Rippen, nach den Gliedern, nach dem Kopf, ob alles noch ganz sei. Dann fischten sie den Spieß aus dem Feld und zogen querfeldein weiter.

Auch ohne Drahtesel Helden der Landstraße

Wie der Allgäuer die Landstraße findet, aber bald ersoffen wäre

Es war schon finstere Nacht und sie hatten die Landstraße noch immer nicht gefunden. Endlich rief der Allgäuer:

»Bygost, nun haben wir die Straße und sind auf dem rechten Weg.«

Sie aber standen an der Iller und der Allgäuer hatte den hellen Wasserstreifen für die Landstraße gehalten. Forsch und frisch schritt er vorwärts, die andern blindlings hinterher. Plumps, lag der Allgäuer im Wasser.

»Bygost, ich ersauf'!«

Mehr konnte er nicht sagen, denn er war schon über den Hals darin. Die anderen sprangen alle von dannen, nur der Knöpfleschwab blieb und half. Weil er nicht immer stolpern und fallen wollte, hatte er sich mit einem Bändel an den Wiesbaum angeschirrt. So konnte er nicht loskommen und blieb, dick und breit wie er war, auf der Stelle. Mochte der Allgäuer sich gemächlich wieder herausarbeiten, ohne den Knöpfleschwab wäre er sicherlich hin gewesen, mitsamt dem Spieß. Dies war das einzige Heldenstück, das der Knöpfleschwab auf der ganzen Fahrt vollbrachte – was darum umso weniger verschwiegen werden durfte, um den Schwaben aus allen Gauen Gerechtigkeit widerfahren zu lassen.

Das mörderische Geschrei der Gesellen hatte auch den Spiegelschwab wieder herbeigeführt. Der hatte an der Brücke auf sie gewartet und weil er alle Wege und Stege in der Gegend kannte, führte er die Kumpane auf die Landstraße. Im nächsten Wirtshaus kehrten sie ein und hielten ihr Nachtquartier.

»Hier schwabe ich und kann nicht anders.«

Einige Stückle vom Nestelschwaben, woraus hervorzugehen scheint, dass er kein Schwabe war

Es gibt die Sage, dass einmal ein Schwabe gebeichtet habe. Nachdem einige Sünden bekannt waren, habe er plötzlich innegehalten. Der Beichtvater fragte, ob ihm noch etwas auf dem Herzen liege, und der Schwabe sagte, in der Tat, eines bedrücke ihn noch, doch er schäme sich, es zu sagen. Der Beichtvater ermutigte ihn, er solle nur frei von der Seele sprechen. Hierauf sprach der Schwabe leise:

»Ich bekenne, dass ich ... ein Schwabe bin.«

Der Beichtvater tröstete ihn und sagte:

»Nun, eine Sünde ist es nicht, aber schön ist es auch nicht.«

~

Wäre es nicht ein anderer Schwabe gewesen, der seinerzeit so gebeichtet hatte, wäre es sicherlich der Nestelschwab gewesen. Der war in der Tat dumm wie ein Schaf, aber auch, zu seiner Ehre, ebenso geduldig und von gutmütiger Art. Darum trieben die anderen ihre Spielchen mit ihm und in seiner grundgütigen Art ließ er es sich gefallen.

Einst sollte er mit dem Gelbfüßler wettlaufen. Das konnte er nicht und darum sagte der Nestelschwab:

»Ich glaub' nicht, dass ich dir hinterher komme. Du hast Stiefele und mit denen langt man weiter als mit Schuhen.«

Ein anderes Mal fragte ihn der Spiegelschwab Folgendes: Wenn er den Hut verkehrt herum aufsetze, was wäre dann das Vorderteil und was das Hinterteil? Das konnte der Nestelschwab nicht herausfinden, obwohl er den Hut auf dem Kopf hin und her rückte und ihn von vorn und hinten ansah.

Einmal hatten sie den Nestelschwab gefragt, wie sein Name sei. Er antwortete:

»Meine Mutter hat gesagt, ich heiße wie mein Vater.«

Wie habe sein Vater geheißen?

»Wie ich, hat meine Mutter gesagt.«

Und wie sie miteinander geheißen hätten? Der Nestelschwab überlegte eine Weile und sagte schließlich:

»Einer wie der andere.«

Die Zauberin hatte ihn gleich erkannt, als sie sagte, dass man den Esel an den Ohren erkenne. Aber was er für ein Landsmann war, das hatte sie nicht gewusst, denn sonst hätte sie es gesagt und wir wüssten nun, was wir nicht wissen.

Richter und Henker – kein Dichter und Denker

Wie die Sieben Schwaben aufgefangen und festgesetzt werden

Am nächsten Morgen zogen die Sieben Schwaben mit guter Laune weiter. Sie unterhielten sich über die nächtlichen Abenteuer und lachten sich gegenseitig aus. Als sie nach Kronburg kamen, sah gerade der Kronburger Junker aus dem Fenster, erblickte die Gesellen und rief seinen Schergen zu:

»Lug' einmal, was das für Leute sind. Es mögen wohl Landfahrer sein, oder sonst so eine Bagasche.«

Der Scherge nahm sieben Bullenbeißer mit und stieg den Berg hinab. Er stellte die Schwaben, sie sollten ihm folgen ohne Umschweife. Während der Scherge so bellte, bleckten die Hunde ihre Zähne. Man musste wohl der Obrigkeit Gehorsam leisten, dachten die Sieben Schwaben und folgten dem Tross auf die Burg. Der Knöpfleschwab hatte Mühe, Schritt zu halten und wurde ein paar Mal zur Pflicht gehetzt.

Als die sieben vor dem Junker erschienen, fragte der, woher, wohin, warum und wie. Der Seehas erklärte, dass in der Gegend am Bodensee ein schreckliches Tier hause. Sie hätten sich denn als brave Landsleute und biedere Männer aus allen schwäbischen Gauen zusammengetan, um das Land von diesem Ungeheuer zu befreien. Das allerdings glaubte der Junker ihnen nicht. Er blieb bei seiner Meinung, sie seien Strolche, Faulenzer, tunichtgutes Diebsgesindel – und ließ sie in die Keiche stecken. Der Blitzschwab sang, still wie ein Mäusle:

»So geht es in Schnitzlebutz Häusle
Da singen und tanzen die Mäusle
Und bellen die Schnecken im Häusle.«

Wo Milch und Spätzle sinnlos walten, da kann sich kein' Justiz gestalten

Wie die Sieben Schwaben sich aus der Gefangenschaft befreien

Der Junker von Kronburg hatte tags zuvor, als ihn das Zipperlein plagte, den patriotischen Entschluss gefasst, zur Aufrechthaltung der Ordnung und Sicherheit im schwäbischen Kreis und zur Beförderung der Aufklärung und Sittlichkeit unter dem gemeinen Volk ein Zuchthaus zu stiften und in seinem Schloss anzulegen. Sein kluger Kopf sauste, noch voll von diesem Plan, und so wurden die sieben ehrlichen Schwaben zu gefährlichen Spitzbuben, die es sofort einzusperren galt. Der Junker war ein gar niederträchtiger, frommer und milder Herr, der in seiner unendlichen Gnade sogar seinen eigenen Bauern nicht mehr Wolle abschor, als er eben nötig hatte, um sich selbst warm zu kleiden.

Also befahl seine Hochweislichkeit, dass man den Gefangenen Nahrung reichen solle, wenn sie es nötig hätten. Der Spiegelschwab jedoch kannte den Junker und wusste, dass in dessen Küche und Keller nur Schmalhans hauste. So schmiedete er seinen Plan und teilte es seinen Kumpanen mit. Als der Scherge mittags eine große Pfanne voll Milchspätzle brachte, sagte der Blitzschwab zum Knöpfleschwaben:

»Die ist wohl für dich.«

Der Scherge meinte, das sei genug für alle. Der Knöpfleschwab aber sagte, er wolle sehen, ob es denn überhaupt für ihn lange. Er verputzte die Pfanne in einem Satz, dass kein einziges Spätzle übrig blieb. Dann kratzte der Knöpfleschwab auch die Schubet zusammen und die Pfanne sah aus, als hätte eine Katze sie sauber geleckt. Das berichtete der Scherge gleich seinem Herrn und sagte, man müsse sofort eine Brente voll Spätzle kochen – und er wolle wetten, auch das sei noch nicht genug.

Der Junker von Kronburg meinte allerdings, er sei dem schwäbischen Kreis und der Menschheit kein so großes Opfer schuldig, dass er sich aushungern lassen sollte und in seinem eigenen Schloss ein paar Strolchen teuerste Spätzle kredenzen müsse. Er befahl in seiner endlosen Gnade, die sieben sogleich in Freiheit zu setzen. Der Amtsherr aber gab ihnen noch einen Steckbrief mit, um andere Leute pflichtschuldigst vor ihnen zu warnen.

Stiernacken Leutkirch – Ochsenschwanz Allgäu 0:0 n.V.

Wie die Sieben Schwaben einer Herde Vieh begegnen und wie der Allgäuer ein Stiergefecht hält

In der Nähe von Leutkirch, einem Nest, halb städtisch, halb bäurisch, mussten die Sieben Schwaben mitten durch eine riesige Herde. Ochsen und Öchsinnen, Kühe und Kälber, Rösser und Huischele, Schafe und Ziegen, alles war durcheinander, schier wie die schwäbischen Herrschaften.

Beim Vieh war der Allgäuer in seinem Element und er zog die Kumpanen, ob sie mochten oder nicht, mitten durch die Herde hindurch, mit hüst und hott, mit hotz und ha, die einen vor sich und die anderen hinter sich. Doch die Gesellen hatten die Rechnung ohne den Hag gemacht und der ging brummend und schwänzelnd auf die Sieben los. Die nahmen Reißaus und liefen, was sie konnten, zum nahen Zaun. Dort schwangen sie sich auf die Stauden, sodass es aussah, als nisteten sechs bunte Wiedehopfe darauf.

Nur der Allgäuer wollte das Feld nicht so leicht räumen. Wie man es als ein ganzer Kerl gewohnt war, wenn man es mit Ochsen zu tun hatte, näherten sich Mollen und Mensch einander an. Zunächst ging alles ganz sachte, wie die Ruhe vor dem Sturm. Dann plötzlich stürmte der erste vor und packte den anderen am Kragen, dann beim Schwanz, dann beim Hemd und dann beim Horn. Man zog und wurde gezogen, man stampfte und schnaubte, und bald war der Stier, bald war der Allgäuer Herr und Meister.

Dieses Spektakel dauerte eine ganze Weile. Die Wiedehopfe auf dem Zaun sahen zu, sie zwitscherten und schnatterten, sie hatten ihre Angst und ihre Gaudi an dem Mut und der Geschicklichkeit des Allgäuers. Das Gefecht näherte sich nun dem Zaun. Einer der Ochsen wähnte sich eines Vorteils, senkte den Kopf und rannte los, sodass der Allgäuer gerade noch Zeit hatte, sich zu ducken und schnell durch den Zaun zu schlüpfen, bevor er als Fleischpflanzerl auf der Gabel endete.

Der Stier aber war nun vollends in Rage, als winke der Allgäuer mit einer roten Serviette. Immer wieder rannte er gegen den Zaun an, immer heftiger, sodass ein Schwabe nach dem anderen herunter plumpste wie ein Meisenknödel. Die Knödel schrien um

Hilfe, der Allgäuer erbarmte sich ihrer, hüpfte über den Zaun und ging wieder auf den Brummer los. Er schimpfelte und meckerte mit dem Stier, bis die Kumpane sich endlich hinter den Zaun gerettet hatten.

Dann zog sich auch der Allgäuer wieder geschwind zurück. Der Hag und der Mensch sahen sich noch lange durch den Zaun an, bis der Gescheitere ein Einsehen hatte und sich trollte. Dann holte der Allgäuer den Spieß und die Sieben Schwaben zogen weiter. Der Seehas aber dachte bei sich:

›Wenn der es allein mit einem Ochsen aufnimmt, so kann uns gar nichts geschehen, da wir zu siebent sind.‹

»Eins, eins, eins.«

Noch ein paar Stückle vom Nestelschwaben

Bei den Sieben Schwaben geschieht gerade nicht viel, da sie Mittagszeit halten. Also bleibt etwas Zeit, noch ein paar Stückle vom Nestelschwaben zu erzählen.

So kamen die Sieben eines Tages an einem Weiher vorbei. Darin lagen abgestandene Fische und der Nestelschwab meinte, es sei doch schade, dass man die schönen Fische habe ersaufen lassen.

~

Einmal gingen die Kumpane durch ein Dorf und es schlug gerade drei. Der Nestelschwab zählte die Schläge:

»Eins, eins, eins.«

Als die Uhr ausgeschlagen hatte, fragten sie ihn, wie spät es sei. Der Nestelschwab antwortete, er wisse es nicht, denn er habe noch nicht zusammengerechnet.

~

Ein anderes Mal forderte der Blitzschwab den Nestelschwaben heraus, er solle mal einen recht höllischen Fluch tun. Der Nestelschwab nahm seine Kappe ab und sagte:

»Mit Verlaub, dass dich das Mäusle beiß'!«

Das war der schlimmste Fluch, den er kannte. Der Blitzschwab hätte ihn leichtens wesentlich kräftigere Stoßseufzer dieser Art lehren können, denn er konnte fluchen, was die Sprache nur hergab. Es gäbe Beispiele genug, doch dann würde kein Verleger dieses Buch drucken wollen, denn es gilt:

Wer sich mit dem Hammer auf den Daumen donnert, wer eine Tausendprozentige an den Pfosten stolpert, wer vom Schicksal übertrumpft wird, darf einen Fluch in die Welt entlassen. Ohne Grund zu fluchen ist, wie ohne Grund zu essen.

~

Eines Tages gingen die Sieben Schwaben an einem großen herrschaftlichen Weiher vorbei. Ein Boot war vom Wind losgerissen worden und zwei kleinere Bötchen schaukelten neben dem größeren auf dem Wasser hin und her. Der Nestelschwab meinte, die kleinen Schiffe seien Neugeborene und das große sei ihre Mutter. Er schüttelte den Kopf und sagte:

»Kurios, dass doch alles, was klein ist, gern schimpfelt und spielt.«

~

Diese und andere Stückle erzählte man vom Nestelschwaben. Es ist allerdings kaum anzunehmen, dass sie wahr sind. Seit Anbeginn der Zeit ist es mancher Leute Gewohnheit, einem, der einmal ein Kläpperle hat, zehn und hundert anzuhängen – denn das lenkt von dem Getöse ab, das sich aus dem eigenen Schlund Bahn erbricht.

Eine Klinikpackung der eigenen Medizin

Von einem fahrenden Schüler und was er von Schwabenstreichen erfahren

In der nächsten Herberge, in der die Sieben Schwaben übernachteten, trafen sie einen fahrenden Schüler an. Als sie ihn fragten, was er für ein Landsmann sei und was er auf Reisen tue, gab er zur Antwort, er heiße Adolphus und sei ein geborener Schwabe. Er habe viele Jahre im Norden studiert und ziehe nun im Süden umher, um Geschichten von den bekannten Schwabenstreichen zu sammeln, welche er dann in den Druck gehen lassen wolle. Der Seehas sagte, er solle nur mit ihnen kommen, dabei würde er mehr als genug erfahren. Der Spiegelschwab aber raunte dem Allgäuer ins Ohr, er solle den Schüler schon bald die Streiche fühlen lassen. Der Allgäuer nickte, meinte aber, man dürfe die Gelegenheit nicht vom Zaun brechen, sie werde sich schon finden. In der Tat – sie fand sich bald.

Nachdem man zu Abend gegessen hatte, legten sich alle auf die Streu und der Allgäuer kam neben dem Studenten Adolphus zu liegen. Ehe sie einschliefen, sagte der zu ihm, er solle sich nicht erschrecken, wenn er des Nachts mit der Faust umher schlage. Es sei bloß eine Disputation und habe nichts zu bedeuten. Der Allgäuer erwiderte, disputieren sei nichts Unrechtes. Er selbst disputiere auch oft im Traum, und zwar mit seinen Ochsen, wenn sie nicht vorwärts wollten.

In der Nacht kam dem Studenten Adolphus offenbar tatsächlich das Disputieren in den Kopf – und in die Faust. Er fuchtelte, er händelte und gebärdete sich so hitzig, dass er dem Allgäuer auf die Nase schlug. Derart unsanft geweckt, dachte er, der arme Schüler habe sicher schwere Träume, die müsse man ihm wohl vertreiben, wenn Ruhe sein solle. Der Allgäuer fand eine Geißel, die an der Wand hing und schnalzte gleich lustig auf den Studenten Adolphus los, seinen Ochsen dirigierend:

»Hott, Bräunle! Wist, Bläsle! Hi, hott, wist!«

Dabei hieb der Allgäuer aus vollem Arm kreuz und quer, als gelte es, ein Rennen zu gewinnen. Der Student schrie Zeter und Mordio, aber der Allgäuer tat, als ob er träume. Schon bog man auf die Zielgerade ein und er trieb seinen Ochsen immer mehr an, indem er die Geißel umkehrte und mit voller Kraft austeilte. In seiner Bedrängnis wusste Adolphus weder ein noch aus, doch plötzlich sah auch er die Zielflagge, riss ein Fenster auf und rannte, so schnell er konnte – der Allgäuer hinter ihm her, dass er ihm noch eine Saftige als Wegzehrung verpassen konnte.

Nach diesem Tag hatte der Student Adolphus also einiges von den Schwabenstreichen erfahren, aus erster Hand und am eigenen Leib. Niemand weiß jedoch, ob er auch alles ordentlich in sein Buch eingetragen hatte.

»Du Stupfer, du Hauser
Du Rupfer, du Zauser
Du Lecker, du Lauser
Du Schlecker, du Mauser
So soll es dir geh'n
Recht ist dir gescheh'n
So soll es dir gehen.«

»Du hast mehr Väter als Brüder.«

Wie der Spiegelschwab einen Tiroler foppt und von ihm wieder gefoppt wird

Freiburg gegen Stuttgart, Nord gegen Süd, West gegen Ost – was wäre die Menschheit ohne ihre geliebten Rivalitäten? Friedlich? Produktiv? Oder muss man auch heute noch ständig auf Standortsicherung bedacht sein, dass bloß keiner auf den übervollen Teller starren kann und auf die Idee kommt, sich selbst einmal satt essen zu wollen? Wer Konkurrenz als Triebfeder für den wirtschaftlichen Hobel sieht, nimmt die Späne in Kauf, schreibt sie steuerlich ab und kauft sich Ellbogenschoner.

Die Sieben Schwaben hatten in einer Herberge nahe Bad Waldsee übernachtet. Dort war auch ein Tiroler zugegen, der mit Theriak und Schneeberger handelte. Die Tiroler galten als nicht so dumm, wie sie stets zu tun schienen, sondern sie hatten es angeblich faustdick hinter den Ohren. Wenn andere Schimpf und Glimpf mit ihnen spielten, wenn andere Trumpf ansagen, erwidern sie:

»Stich!«

Und so geschah es, dass der Spiegelschwab den Tiroler aufziehen wollte und fragte, welcher Dialekt der feinere sei, die schwäbische oder die Tiroler Sprache? Der andere gab zurück, die Tiroler Mundart sei wie Seide und die schwäbische wie grobes Tuch.

Weiter fragte der Spiegelschwab, wenn ein Schwabe und ein Tiroler beisammen seien, wer von ihnen wohl der Dümmste sein möge? Einer um den anderen, sagte der Tiroler. Darauf fragte der Spiegelschwab, wann denn die Tiroler anfingen, gescheit zu werden? Der Tiroler sagte, die Schwaben, so sage man, würden im vierzigsten Jahr gescheit und die Tiroler im fünfzigsten – allerdings holten die Tiroler die Schwaben bald wieder ein. Immer weiter foppten sie einander und blieben trotzdem beide gute Freunde – woraus hervorgeht, dass die Schwaben Spaß vertragen können, wenn es mit gutem Willen geschieht.

Vor dem Abschied sagte der Spiegelschwab zum Tiroler:

»Lass dir meinethalber noch ein Käntle Branntwein einschenken.«

Das tat der Tiroler, trank ihm Gesundheit zu und sagte:

»Dank für die Bezahlung.«

Also musste der Spiegelschwab der Ehre halber bezahlen und war wiederum der Gefoppte.

Stets war das als »Foppen« getarnte Auskundschaften ein Vorspiel zum Machtspiel, stets wurde die eigene Stärke demonstriert, grundlos, aus Langeweile, oder aus Freude am Piesacken. Jedes Mal wurde ohne Anlass ein Miteinander zu einem Gegeneinander.

Was in Zeiten schwarzer Monolithen eine Notwendigkeit zum Überleben war, ist seit mehr als hundert Jahren vom Fortschritt überholt. Dahinter hupen die Zurückgebliebenen lieber, anstatt sich an der Tankstelle Bibliothek gratis, aber nicht umsonst besseren Sprit einzuverleiben. Dieses Hupkonzert bedeckt das Land mit immer neuen Wellen, damit der Klügere gefälligst nachgebe, oder um jeden Preis mit Waffen aufrüste – oder sonst.

Schwabendavid gegen Goliath

Von einem Heldenstück, das der Blitzschwab getan

Als die Sieben Schwaben am nächsten Tag ihres Weges weiterzogen, sahen sie von Ferne die hohe Waldburg auf ihrem Tannenberg liegen. Der Blitzschwab fragte den Seehas, wer dort im Schloss wohne. Der Seehas antwortete, es hause droben ein gewaltiger Riese und erzählte den Gesellen lang und breit von dem Ungeheuer, sowie von dem Unheil, das es schon in der Gegend angerichtet habe – und doch war alles, was er sagte, ganz und gar erlogen, obgleich er selbst steif und fest daran glaubte. Der Blitzschwab fragte ihn, ob sie auf ihrem Weg an jenem Berge vorbeikämen. Der Seehas antwortete, nein, er brauche sich nicht zu fürchten. Potz Blitz, dachte der Blitzschwab. Ein Kerl wie ich, sich fürchten?

Während die Gesellen schliefen, machte er sich alleine auf den Weg zur Waldburg. Der Riese lugte soeben über die hohe Ringmauer, wie unsereins zur Dachluke hinausschaut. Sein Kopf schien so groß wie die Scheibe eines Vollmonds im Aufgang und schwarze, struppige Haare hingen ihm vom Scheitel herab. Er knabberte an einem Kalb, als sei es eine Lerche und zermalmte die Knochen, als wären es Zuckerstriezel. So sehr mit seiner Mahlzeit beschäftigt, bemerkte er das Männchen nicht, welches sich wie ein Wiesel den Weg durch das Gesträuch bahnte. Immer näher kam der Blitzschwab, sprang mir nichts, dir nichts keck auf den Riesen zu, umfasste eines seiner Beine und kletterte daran hinauf, wie ein Eichkätzle auf einen Tannenbaum.

Jeder weiß bekanntlich, dass Riesen sich vor nichts mehr fürchten als vor Kröten, genau wie sich Löwen und Elefanten vor dem Mäuschen fürchten. Eine solche Kröte, so glaubte der Riese, hänge nun an seinem Bein. Voller Schrecken lief er davon, hetzte hin und her, auf und ab, zappelte und schlenzte und konnte sich des Scheusals doch nicht entledigen. Plötzlich stolperte er und fiel hart zu Boden. Halb tot vor Angst ächzte und stöhnte er, als er fühlte, dass die Kröte immer weiter über den Leib hinaufkroch. Schon saß sie ihm auf dem Genick, der Riese verlor die Besinnung und unser Held schnitt ihm gemächlich den Kopf ab.

Eine Fantastilliarde Narrengold

Vom Spiegelschwaben und wie er einen Schatz findet

Missgünstige Leute, die von Schwaben nichts Gutes halten und ihnen alles Böse nachsagen, erzählen das Unfassbare: Der Blitzschwab habe das Abenteuer mit dem Riesen nur geträumt. Furchtsame Leute seien nur tapfer, wenn sie schliefen. Wahrhaftig und gewiss ist jedoch, was der Spiegelschwabe geträumt hatte. Er erzählte es seinem Freund und Schlafgesellen, dem Blitzschwaben, und dieser befand, es sei wirklich so gewesen, wie jener gesagt hatte.

~

Der Teufel war dem Spiegelschwaben erschienen und führte ihn auf einen Acker, um nach einem Schatz zu graben. Als er viel Gold gefunden hatte, sprach der Teufel, noch sei es ihm nicht erlaubt, den Schatz zu nehmen. Er solle die Stätte mit einem Zeichen markieren, dass er sie später wieder finden könne. Der Spiegelschwab fragte, was für ein Zeichen er machen solle und der Teufel antwortete:

»Tu' hin!«

Und nachdem der Spiegelschwab getan wie geheißen, erwachte er.

Aus dieser Geschichte sei zu lernen, dass man sich auf höllische Künste – wie das Wahrsagen, Schatzgraben oder Bannen – nicht einlassen solle, weil in solchen Dingen der böse Geist sein Unwesen treibe. Der aber lohne nur mit Schaden und Schanden, wie es durch das Beispiel des Spiegelschwaben gezeigt wird.

»Potz Blitz!«

Wie die Sieben Schwaben einem Juden begegnen, der sich mit ihnen in einen Handel einlässt

Menschen jüdischen Glaubens haben seit vielen Jahrhunderten mit uns gelebt. Sie leben heute mit uns als Familie und Nachbarn, als Bekannte oder Unbekannte. Was in der Zukunft wird, halten wir alle täglich in der Hand: Wir können uns vertragen, miteinander leben, ohne jegliche Ausgrenzung, ohne jegliche Diskriminierung – oder dies bewusst ablehnen.

Wir tragen alle täglich die Verantwortung für unser Handeln. Wenn man diese Verantwortung ablehnt, wenn man wegschaut und das tägliche Geschehen ignoriert, werden die Wellen wieder und wieder und wieder über das Land streichen – Wellen, die unsere Handschrift tragen, ausgelöst durch unser Tun oder Nichtstun.

Wenn wir uns dafür entscheiden, nichts zu tun, haben wir eine Entscheidung getroffen. Mit dieser Entscheidung müssen wir leben. Die Folgen unseres Tuns sehen wir jeden Tag. Auch die uns folgenden Generationen können dies sehen, genauso, wie wir die Entscheidungen, das Handeln und die Folgen unserer Vorfahren sehen können.

Solange die Geschichte der Welt von allen geschrieben wird, besteht die berechtigte Hoffnung, dass sie das zeigt, was sich tatsächlich ereignet hat. Nehmen wir diese Chance an. Schauen wir auf die Geschichte, in guten, wie in schlechten Zeiten, in Gesundheit und Krankheit, in Reichtum und Armut. Wir halten den heutigen Tag in unserer Hand, es ist das Geschenk des Lebens an uns. Was wir damit tun, ist unsere Entscheidung.

In der Sage der Sieben Schwaben bekommt jeder sein Fett weg. Gelbfüßler, Nestelschwab, Spiegelschwab, Bayern, Tiroler, Schwaben und Christen, der Autor hält nicht hinterm Berg. Hat Ludwig Aurbacher (vor rund zweihundert Jahren) das nachfolgende Kapitel mit derselben spitzen Feder geschrieben?

Es folgt in unveränderter Form, lediglich die Rechtschreibung wurde angepasst und Absätze zur besseren Lesbarkeit eingefügt – damit Sie sich Ihr eigenes Bild machen können.

Zwischen Weingarten und Ravensburg begegneten die Sieben Schwaben einem Juden. Wie der Spiegelschwab dessen ansichtig wurde, sagte er:

»Den wollen wir schröpfen.«

Sie gingen daher auf ihn zu und hielten ihm den Spieß vor; und der Blitzschwab schrie:

»Zahle oder zable!«

Jener sagte:

»Bin ein armer Jud; hab nix bei mir, als wenig Lumpengeld; das ist nit für ehrliche Leut.«

»Bygost! Das sind wir«, sagte der Allgäuer, »aber beiten musst du uns und mach nur nicht viel Umständ'.«

»Na«, sagte der Jude, »ich beite nicht heute, muss sonst borgen auf morgen, und der Morgen schiebt's auf übermorgen.«

Hat den Spruch, denk' ich, sicher von der alten Hex', der Zigeunerin, gelernt.

»Potz Blitz«, sagte der Blitzschwab, »hältst du uns für Lumpen, die nicht bezahlen wollen?«

Drauf der Jude:

»Ehrlich wollen wir alleweil sein; wir können's aber nicht alleweil sein.«

Und so hielt er denn allen ihren Reden Stich und wenn sie ihm gleich drohten, er müsse sonst morixeln, so sahen sie ihm nicht danach aus, dass sie mit dem Spieß Ernst machen wollten. Und er blechte nicht aus. Da nahm ihn der Spiegelschwab auf die Seite und sagte zu ihm:

»Mauschele, weißt was? Wenn du doch nicht anders willst, so lass uns einen Handel machen: Ich will dir die Bärenhaut da geben.«

Der Jude riss die Augen angelweit auf, redete gar freundlich und sagte:

»Na, was mag sie wohl wert sein? Sechs Batzen geb' ich drum.«

Und sie wurden des Handels eins um einen Taler. Der Jude gab das Geld hin, aber der Spiegelschwab die Haut nicht, denn, sagte er, er habe wohl vorher gesagt, dass er ihm die

Bärenhaut geben wolle, jetzt aber sei er eines anderen Sinnes geworden. Der Jude musste sich's wohl gefallen lassen, denn es waren ihrer sieben gegen einen. Auch hatte er keine sonderliche Ursache, sich um den Taler zu balgen, wie sich's bald darauf gezeigt hat.

Der aufmerksame Leser hat außerdem spätestens jetzt bemerkt, dass Ihr Autor eine Frau anderen Namens zur Zauberin befördert hat. Hier war die Feder des Kollegen offenbar zu spitz und wurde von der Zeit zersplittert. Lassen wir die feinere Feder eines Frankfurter Dichterfürsten das Unheil wieder genesen, indem wir uns seiner Worte gedenken:

»Das hier ist Euer Erbe
Und wenn's Euch nicht gefällt
Dann werdet bess're Menschen
Und Ihr kriegt 'ne bess're Welt.«

Heute im Angebot: Sieben Ellen Wurst für 30 Prügel

Wie die Sieben Schwaben sich die Ravensburger Würste schmecken lassen und wie sie ihnen bekommen

Der Blick in die Vergangenheit hilft uns in der Gegenwart dabei, die Zukunft anders zu gestalten. Das bedeutet nicht, dass einem nicht die Sinne brennen, wenn man sieht, wie die Vorfahren sich in die Hose machen – damit es ihnen warm wird.

Das Kapitel folgt wie vorhin in unveränderter Form, lediglich die Rechtschreibung wurde angepasst und Absätze zur besseren Lesbarkeit eingefügt.

Als die Sieben Schwaben in Ravensburg ankamen, kehrten sie sogleich im nächstbesten Wirtshaus ein und verlangten sieben Ellen Ravensburger Würste. Und nachdem der Wirt sie gebracht, sagte der Knöpfleschwab, um keine Händel zu bekommen während des Essens, wäre es am besten, ein jeder nähme das Maß nach seinem eigenen Leib und die Länge der Wurst danach. Der Allgäuer gab ihm recht; und wenn der einem recht gab, so galt es.

Also verteilten sie die Würste, und dem Nestelschwaben, an den zuletzt das Messen kam, blieb nur ein kleines Zipfele übrig. Das steckte er ein, denkend: Wenn die andern nichts haben werden, so werde doch ich etwas haben. Der Spiegelschwab – denn so hatten sie es ausgemacht – gab den Taler hin, um den er den Juden betrogen hatte und verlangte gute gangbare Münz heraus. Als aber der Wirt den Taler genauer ansah, merkte er, dass er falsch war und er schickte insgeheim nach den Stadtknechten, welche kamen und die Sieben Schwaben auf das Rathaus führten.

Da wurden sie angeklagt als Falschmünzer und Gaudiebe und es war drum und dran, dass sie gehenkt werden sollten. Und da hätte kein »Bygost!« des Allgäuers geholfen und kein »Potz Blitz!« des Blitzschwaben und kein Lamentieren der übrigen – wenn nicht der Jude für sie eingestanden wäre. Das ist aber so zugegangen.

Der Jude hatte ihnen den Rang abgelaufen und war mit ihnen zur gleichen Zeit in die Stadt gekommen und er klagte sie bei der Obrigkeit an als Straßenräuber. Den bemerkte nun in einem Eck der Spiegelschwab, und er sagte:

»Der ist der Falschmünzer.«

Der Jude mochte leugnen, wie er wollte, er wurde beim Schopf genommen und in Eisen geschlagen, denn zur damaligen Zeit hatten sieben Christenmenschen noch mehr Kredit als ein Jude. Da aber einmal die Gerechtigkeit im Gang war und überdies noch der Steckbrief bei ihnen gefunden wurde, so ward im Rat beschlossen, dass jeder von ihnen dreißig Prügel minder einen bekommen solle, und das von Rechts wegen.

Darauf wurden sie frank und frei gelassen. Und die Zech für dieses Traktament sind die Sieben Schwaben und ihre Landsleute den Ravensburgern noch schuldig. Was aber den Juden anbelangt, so weiß ich nicht, was die Zauberin ihm prophezeit hat; ich denk' aber, er lebe noch, wenn er nicht gehenkt worden.

Diebesfinger als Katzenpfote

Wie die Sieben Schwaben vor einem Galgen vorbeigehen und einen Gehenkten befreien

Außerhalb von Ravensburg kamen die Sieben Schwaben an einem Galgen vorbei. Der Ravensburger Galgen stand nur selten leer und war zu derselbigen Zeit der berühmteste nach dem Buchloer Galgen, an dem meistens ein halbes Dutzend zugleich hingen.

Es baumelte also auch einer am Ravensburger Galgen. Die Leiche schien noch ein Frischling und nicht über einen Monat alt zu sein. Dem Spiegelschwaben fiel ein, dass ein Diebesfinger geheime Kräfte habe und man könne zu Geld kommen, ohne dass man es stehle – so hieß es. Er wollte daher dem Patron einen Finger abschneiden, denn wehtun würde er ihm doch wohl kaum.

Der Spiegelschwab kraxelte also den Galgen hinauf und setzte sich grattlings auf die Schultern des armen Sünders. Plötzlich riss der Strick und er fiel mitsamt dem Toten herunter. Der aber, weil er ganz starr war, blieb aufrecht am Gestänge stehen, als wolle er seinen Tag fortsetzen – und der Spiegelschwab saß noch auf ihm.

Das sahen die anderen Gesellen und im ersten Schreck meinten sie, der Schacher sei lebendig geworden und wolle ihnen nachlaufen. Sie rannten davon wie Spitzbuben, ohne umzuschauen, rannten weiter, schneller, denn sie hörten, dass wirklich einer hinter ihnen her war. Das aber war der Spiegelschwab. Sie wären vielleicht bis ans Ende der Welt gelaufen, wenn ihnen nicht endlich die Puste ausgegangen wäre. Endlich bemerkten sie, dass niemand hinter ihnen her war, obwohl sie sicher waren, es sei wirklich so gewesen. Auch der Spiegelschwab war derselben Meinung. Einer der sieben sagte schließlich:

»Der hat sicher den Gescheiten gemacht und ist nach Hause gelaufen. Sollen doch die Ravensburger sehen, wie sie ihn wiederbekommen.«

Der folgende Abschnitt steht gleich zu Beginn von Ludwig Aurbachers Version dieses Kapitels. Ihr Autor vermag nicht zu entscheiden: Ist dies schwarzer Humor, Satire, oder eine als Berichterstattung getarnte Biedermeier-Hundepfeife? Aurbacher war zum Zeitpunkt des

Schreibens sehr wahrscheinlich in seinen Vierzigern. Als »Jugendsünde« dürfte es folglich nicht mehr durchgehen.

›Du mußt aber wissen, wenn du es nicht schon weißt, günstiger Leser, daß es nirgends mehr Galgen gibt im ganzen Deutschen Reich, als im Schwabenland; woraus du jedoch nicht den Schluß machen darfst, daß dort die Spitzbuben zu Haus seien, sondern sie laufen eben aus allen übrigen Gegenden Deutschlands zusammen, wo sie wissen, daß sie niemand fängt und hängt.‹

»Ich bin blessiert und hab' kein' Wund'.«

Wie der Blitzschwab Heimweh bekommt und wie ihn der Spiegelschwab davon kuriert

Vielleicht waren die letzten Abenteuer, besonders die Stockprügel in Ravensburg, unseren Helden in die Glieder gefahren. Vielleicht wurde ihnen langsam bewusst, dass Zeit und Ort ihres gefährlichen Abenteuers immer näher kämen, oder vielleicht war es etwas anders: Die sieben wurden jedenfalls von Stunde zu Stunde däsiger und ließen den Kopf hängen wie Schafe, die man zum Metzger führt. Besonders der Blitzschwab war ganz traurig, er ächzte und wehleidete, als hätte er das schlimmste Bauchgrimmen. Es war aber eine Herzenssache, die ihm so zusetzte, und wenn er gekonnt hätte, wäre sein Gesang erklungen:

»Ich weiß nit, wie mir ist
Ich bin nit krank und nit gesund
Ich bin blessiert
und hab' kein' Wund'.«

Der Blitzschwab dachte an das Kätherle aus der Grafschaft Schwabeck und daran, dass er ihr nicht auf die Kirbe kommen könnte. Bei diesen Gedanken wurde ihm das Herz ganz schwer und er bekam Heimweh. Als die anderen einen Imbiss zu sich nahmen, aß er nichts; als sie aufstanden und weitergehen wollten, blieb er hocken, legte den Kopf in die Hände und heinte. Als der Spiegelschwab dies sah, fragte er seinen Freund, was ihm fehle.

»Lass mich«, greinte der Blitzschwab und fing an, laut zu flarren. Sein Freund aber setzte sich zu ihm, tröstete ihn und ließ nicht ab vom Fragen. Jener konnte aber vor lauter Schluchzen nichts vorbringen als:

»'S Kätherle.«

Nun wusste der Spiegelschwab, woran er war und er sagte freundlich:

»Sei kein Weiberknecht!«

In diesem Augenblick ging der Augsburger Bote vorbei, der die Postzeitung durch das Reich trug. Als den der Blitzschwab sah, sagte er:

»Mit dem geh' ich, und ich lass mich nicht halten, ich soll und will und muss fort.«

Da rief der Spiegelschwab den Boten an:

»Landsmann!«

Der Bote antwortete:

»He!«

Der Spiegelschwab:

»Kennst du das Kätherle aus der Grafschaft Schwabeck?«

Der Bote:

»Mein' wohl, sie ist ja das schönste Mädle im ganzen Reich.«

Der Spiegelschwab:

»Nun, so sage ihr, ich lass sie grüßen und wenn sie einen Rotzer zum Mann haben will, so soll sie den da nehmen.«

»Potz Blitz«, rief der Blitzschwab und sprang auf, »Bote, halt's Maul und lüg' nicht, oder dass dich die Ritt schütt', du ... du ...«

Schon hatte er den Boten an der Gurgel gepackt.

»Um aller Heiligen willen«, sagte der Bote, »ich will ja gern das Maul halten, sagt mir nur, was ich ihr sagen soll.«

»Erstens«, sagte der Blitzschwab, »sag' ihr, dass ich ein braver, rechtschaffener Kerl bin, und zweitens, dass ich ihr gewiss auf die Kirbe kommen werde und drittens, sag' ihr, dass ich sie grüßen lasse.«

Darauf drückte er dem Boten einen Albus in die Hand und der Bote versprach, das Gesagte auszurichten.

›Ich weiß nit, wie mir ist
Ich hab erst heut' den Doktor gefragt
Der hat mir's ins Gesicht gesagt
Ich weiß wohl, was dir ist
Ein Narr bist du gewiss
Nun weiß ich, wie mir ist.‹

Ein Mann hat Taten zu tun

Wie der Nestelschwab seine Mutter findet, aber seinen Vater nicht

Auf der Straße nach Markdorf saß am Wegesrand ein altes Mütterle beim Brunnen. Sie trug eine Brille und lugte vor sich hin, als suchte sie etwas. Als die Sieben Schwaben vorbeigingen, glaubten sie, es sei die Zauberin und gingen auf sie zu. Die sah auf und als sie einen nach dem anderen angeschaut hatte, rief sie plötzlich:

»Rudeli, lieb's Sühnli!«

Der Nestelschwab erkannte seine Mutter und sagte:

»Mämmeli, do bini jo!«

Jene wiederum:

»Chetzer, wo bisch denn so lange Zit g'sin?«

»In der Welt«, sagte der, griff in seine Tasche, gab ihr das Zipfele Wurst, das er in Ravensburg seinem Mund abgespart hatte und sagte:

»Gott g'segnis!«

Die Mutter sagte:

»Lauser, wie sieht's auf dinem Grind us? Lass lugen.«

Der Nestelschwab setzte sich demütig nieder, legte seinen Kopf in ihren Schoß und die Mutter strählte ihm sein Haar und suchte, was sie suchen konnte. Als die Mutter mit Rudelis Grind fertig war, sagte sie, er solle bei ihr bleiben. Der aber fragte den Seehas und als dieser ihm zugeredet hatte, sagte der Nestelschwab zur Mutter, er habe noch Taten zu tun. Die Mutter solle nur hier auf ihn warten, dann wolle er mit ihr zurück ins Schweizerland. Die Mutter bat noch einmal:

»Rudeli, lieb's Rudeli!«

Der Nestelschwab aber blieb dabei, er müsse Taten tun, ging zu den Gesellen und man machte sich wieder auf den Weg. Unterwegs fragte ihn der Seehas, ob er denn also ein Schweizer sei. Der Nestelschwab antwortete, seine Mutter sei aus der Schweiz und habe unter den Rotmäntlern als Marketenderin gedient.

Und so weiß man denn noch immer nicht, was der Nestelschwab für ein Landsmann war, ob er schon aus der Schweiz keinen Verstand mitgebracht oder ihn erst in Schwaben verloren hatte.

Ein Herz, eine Seele, ein Kopf

Von etlichen erbaulichen Gesprächen, die der Knöpfleschwab mit dem Nestelschwaben gehalten hat

Der Blitzschwab und der Allgäuer wollten den Nestelschwaben schier verachten, weil er ein Schweizer und vom Geschlecht der Kuhmelker zu sein schien. Nur der Nestelschwab hielt nach wie vor brüderlich zu ihm und sie waren ein Herz und eine Seele. Das hatte seine natürlichen Ursachen: Bei Tisch und im Bett räumte der Nestelschwab, der ein schmächtiges Männle war, dem Knöpfleschwaben, dem Schmerbauch, das beste Teil zu, was dieser sehr wohl dankbar erkannte. Zudem hatte keiner von beiden Überfluss an Witz und darum konnten sie ein gescheites Wörtle miteinander reden, wie zum Beispiel hier:

Als die Sieben einmal Mittagsrast hielten, fand der Knöpfleschwab eine Kastanie. Er hob sie auf und sagte mit Freuden zum Nestelschwaben:

»Lug', Rudi, lug'! Ein schön's und gut's Nüssle, das ist in ein Lederle genäht.«

Der Nestelschwab besah es genauer und sprach mit großem Verwundern, dass Gott ein feiner Schneider gewesen sein müsse, wenn er so ein feines Lederle habe nähen können. Er meinte vielleicht, dass die dem Stiel zugewendete Stelle die Naht sei, an der das Lederlein zugenäht wäre.

~

Der Knöpfleschwab hörte gerne vom Essen, sprach gerne vom Essen, aber noch viel lieber tat er Essen essen. Eines Mals fragte er seinen Kameraden, ob der schon einmal Häßenfleisch gegessen hätte. Der Nestelschwab meinte, er habe noch nie Häßenfleisch gegessen, aber gehört hätte er wohl von seinem Mämmeli, dass sie einmal jemanden gesehen hatte, der Häßenfleisch aß. Das erschien dem Knöpfleschwab glaubhaft, denn man sagte, dass die Schwyzer Mangel hatten an Wildbret, an Salz und an noch etwas.

~

Nach einiger Zeit fragte der Nestelschwab den Knöpfleschwaben, ob der Herrgott ein Schwyzer oder ein Schwabe sei. Der Knöpfleschwab antwortete:

»Eins ums andere, bekommen die Schwyzer Schläge, so ist er ein Schwabe, und bekommen die Schwaben Schläge, so ist er ein Schwyzer.«

Darauf der Nestelschwab:

»Wenn aber beide Schläge bekommen, was dann?«

Der Knöpfleschwab meinte:

»Dann mögen sie zusehen, wo sie einen Herrgott herkriegen, der ihnen helfe.«

In dieser Art und Weise haben die beiden oft ihre Betrachtungen angestellt über Dinge, worüber sich leichtfertige Leute nicht bekümmerten.

»Jetzt hat die Prozession ein End'.«

Wie die Sieben Schwaben des Sees ansichtig werden und was sie dazu sagen

Als die Sieben Schwaben endlich des Sees ansichtig wurden, sagte der Seehas: »Das ist der Bodensee.«

Sie blieben stehen und sperrten Augen wie Mäuler sperrangelweit auf.

»Bygost«, sagte der Allgäuer, »das ist eine Lache, so groß, man könnte den Grindten drin ersäufen.«

Der Spiegelschwab fragte den Seehas, ob das Wildenten seien, die man dort in der Ferne sehe. Es waren aber Schiffe. Der Gelbfüßler fragte, ob jenseits auch Leute wohnten wie diesseits. Einer nach dem anderen fragte dies und jenes, der Seehas erzählte und sagte, dies sei das deutsche Meer und es habe einen Umfang von wenigstens hundert Meilen. Der See habe gar keinen Grund und Boden, darum heiße er eben auch der Bodensee, wie leicht zu begreifen sei. Der Seehas war in Fahrt gekommen.

Bei stillem, hellem Wetter, sagte er, sehe man versunkene Städte und Schlösser darin, sogar ganze Landschaften. Fische gebe es darin, sagte er, so groß wie das Konstanzer Münster. Nixen gebe es jede Menge, zu Land und zu Wasser. Wenn der See stürmisch sei, werfe er Wellen, so hoch wie der Säntis. Er könne der Wunderdinge noch viel erzählen, aber wer es nicht selbst sehe, der glaube es nicht.

»Potz Blitz«, sagte der Blitzschwab ein ums andere Mal. Die anderen aber sagten kein Wörtle. Nachdem sie sich fast die Augen ausgelugt hatten, zogen sie weiter: An Überlingen vorbei, gegen den Wald zu, wo das Ungeheuer hauste. Um sich aber auf dem Weg dahin die Langeweile und die bösen Gedanken zu vertreiben, sang der Blitzschwab das schwäbische Wallfahrtslied und die andern stimmten mit ein:

»Jetzt stellen die Bauern ein'n Kreuzgang an
Zu dem muss kommen jedermann

Es läuten schon die Glocken ein
Der Pfarrer will nicht der letzte sein

Der legt ein zottlets Hemat an
Unten und oben Zwickele dran

Nachher trägt man ein' große Stang' voraus
Z'oberst hängt ein Fahnen heraus

Man sagt uns viel vom ewigen Leben
Und noch viel mehr vom Stuiren-geben

Da geht man um den Altar h'rum
Dass keiner z'spät zum Opfer kumm

Beim roten Bären kehrt man ein
Da muss es auch recht g'soffen sein

Der Pfarrer der geht da hinten drein
Und schenkt mit dem Weihwedel ein

Der Kreuzgang sich dem Dorf zuwend't
Jetzt hat die Prozession ein End'.«

Wem die Stunde schlägt

Wie die Sieben Schwaben zum letzten Mal Mittag halten und dabei Todesbetrachtungen anstellen

Ehe die Sieben aber in den Strauß gingen, wollten sie noch eine Herz- und Magenstärkung zu sich nehmen. Der Knöpfleschwab sparte weder Schmalz noch Salz, um das Henkersmahl recht appetitlich zu machen. Als sie dann um die Pfanne herum saßen und sich die gerösteten Spätzle schmecken ließen, sagte der Allgäuer, indem er einen Seufzer von den untersten Zehen heraufholte:

»'S ist ein' Sach', wenn man bei sich so bedenkt, dass man zum letzten Mal in seinem Leben zu Mittag isst.«

Das Wort fiel dem Blitzschwaben auf das Herz und auch er tat einen Seufzer und sagte:

»O Kätherle!«

Dann sang er kläglich und bewegend vor sich hin:

»Soll ich denn sterben
Bin noch so jung, so jung
Wenn es mein Mädle wüßt'
Dass ich schon sterben müßt'
Sie tät sich grämen mit mir ins Grab.«

Der Seehas redete ihnen Mut zu:

»Liebe Leute, denkt: Tod hilft aus aller Not. Wer im Grab liegt, der ist wohl gebettet.«

Der Gelbfüßler widersprach heftig:

»Aber nicht, wenn man im Rachen eines vermaledeiten Tiers liegt!«

Der Seehas gab sich etwas optimistischer:

»Noch wissen wir ja nicht, ob unser Stündle gekommen ist.«

Der Nestelschwab sagte:

»Meine Mutter hat mir oft gesagt, dass mein Stündle gar nie kommen werde.«

Und er war deshalb der Einzige, der sich das Sterben nicht zu Herzen hat gehen lassen. Aber der Allgäuer lugte noch finsterer drein, ließ den Kopf immer tiefer hängen, holte wieder einen Seufzer hervor und sagte:

»'S ist e' Sach'!«

Der Knöpfleschwab fing an, still vor sich hin zu heinen. Dann holte der Allgäuer zum drittenmal einen Seufzer und sagte:

»'S ist e' Sach'!«

Er sagte es in einer so herzzerbrechenden Art und Weise, dass alle zu flarren und zu röhren begannen. Nur der Spiegelschwab wusste nicht recht, ob er lachen oder weinen sollte – weil er sah, wie sich der Knöpfleschwab anstrengte, sich zugleich das Herz zu leeren und das Maul zu stopfen. Er machte dabei ein solches Gefriß, es hätte alle Kinder so dermaßen erschreckt, dass sie die Fraiß bekämen.

Kurasche

Wie die Sieben Schwaben sich in Schlachtordnung stellen

Es war nun an der Zeit für die Sieben Schwaben, sich in Schlachtordnung zu stellen. Der Seehas meinte, sie sollten alle in der Reihe losziehen wie bisher. Der Knöpfleschwab gab ihm recht und meinte, man solle keine Neuerung machen. Aber der Allgäuer sagte, er wolle jetzt einmal der letzte sein, denn er sei lange genug der Erste gewesen.

»Kurasche«, sagte der Blitzschwab, »habe ich genug im Leib, das könnt ihr mir glauben, aber ich hab' nicht genug Leib für die Kurasche und die Bestie.«

Der Nestelschwab wunderte sich, warum denn einer der erste sein und einer der letzte sein müsse. Sie sollten sich nur alle in der Mitte halten, so geschehe keinem kein Weh.

»Und ich meine«, sagte der Spiegelschwab, »es sei am allerbesten, dass einer für alle sterbe. Knöpfleschwab, was meinst du? Wie ist dir? Du wärst so der rechte Bissen.«

Der aber schrie und stampfte und zappelte mit allen Vieren, als ob er schon am Spieß steckte. Nun nahm der Seehas das Wort und sagte:

»Liebe Freunde und Landsleute! Frisch gezückt ist halb gefochten. Es ist nichts besser, als ein guter Mut in bösen Sachen. Das gute Herz siegt in allem Übel. Frisch verzagt ist halb verloren.«

Darauf wandte er sich an den Gelbfüßler und sagte zu ihm:

»Geh' du voran, Jackele, du hast Sporen und Stiefele an, dass dich der Has' nicht beißen kann.«

Der Gelbfüßler ließ sich tatsächlich dazu bewegen, denn er dachte an das Wort der Zauberin und sagte zu sich selbst:

›Entweder läuft das Tier davon, dann laufe ich ihm nach, oder es läuft mir nach, dann lauf' ich davon, und so kriegen wir uns beide unser Leben lang nicht.‹

In Überlingen nichts Neues

Wie die Sieben Schwaben den Strauß bestehen

Die Abenteuer der Ritter der Kokosnuss sind für alle Zeit auf Zelluloid gebannt. Alle Zuschauer können den heroischen Kampf der Tafelrunde gegen den Hasen von Caerbannog verfolgen, vom heldenhaften Frontalangriff, über die heilige Handgranate, bis hin zum Ende, das hier nicht verkündet werden soll.

Die Abenteuer der Sieben Schwaben entspringen für alle Zeit den Lippen des Seehas, dem Anführer der Helden und dem Verkündiger ihres Heldentums. Der Seehas aber war ein Erzlügner, ein Windbeutel, ein Ploderer, ein Mährensager von Haus aus.

Auch die übrigen verdienen wohl genauso viel Glauben wie alle Schlachtengewinnler, welche die Geschichte so wahrheitsgemäß wie möglich erzählen wollen – und schon beim »Guten Morgen!« drei Mal gelogen haben.

Wie schon der Jerusalemer Rechtsexperte und Händewascher Pontius Pilatus erklärte:

»Was ist Wahrheit?«

~

Die Sieben Schwaben zogen also endlich in den Strauß, hübsch langsam voran, gegen den Busch zu. Der Seehas sagte, dort habe der Drache sein Nest. Als sie schon ganz nahe waren, sagte der Spiegelschwab:

»Mich grimmt's im Bauch. Ich muss abseiten.«

Das wollte der Allgäuer nicht dulden und zischte, er sollte mit den anderen mitmachen. Der Spiegelschwab versetzte, er wolle ja nur spionieren gehen, wo das Tier stecke. Der Allgäuer herrschte zurück:

»Lass' es stecken, wo es steckt und bleib', sag' ich.«

»Jetzt seid stät und haltet's Maul«, rief der Seehaas, »und lugt und lost.«

Langsam drangen sie weiter in den Busch vor. Sie lugten, sie losten – und dann geschah es: Da lag ein Hase im Busch, er lugte, er loste, machte ein Männle, erschrickte und lief davon. Die Sieben Schwaben aber blieben ganz erstaunt und erstarrt stehen.

»Hast's gesehn? Hast's gesehn?«

»Es war so groß wie ein Pudelhund!«

»Wie ein Mastochs'!«

»Wie ein Trampeltier!«

»Mit Augen wie Mühlsteine!«

»Wie Mühlräder!«

»Bygost«, sagte zuletzt der Allgäuer, »wenn das kein Has' war, so weiß ich den Grindten von keinem Büchel zu unterscheiden!«

»Nun ja, Has' hin, Has' her«, meinte der Seehas; »ein Seehas ist halt größer und grimmiger als alle Hasen im Heiligen Deutschen Reich.«

»Esst ihr die guten Kartoffeln, ich esse den schlechten Braten.«

Wie die Sieben Schwaben ein Siegeszeichen errichten und in Frieden und Freuden in Überlingen einziehen

Nachdem die Sieben Schwaben das Abenteuer glücklich überstanden hatten, hätten sie sich bald einander selbst in die Haare gekriegt. Der Seehas beanspruchte nämlich das Bärenfell und sagte, dass es abgeredetermaßen ihm gehöre. Schließlich sei er es doch gewesen, der sie alle angeführt habe – worauf auch die Zauberin bildlich angespielt hatte. Das wollten die anderen aber nicht einsehen und es entflammte ein heftiger Streit:

»Ich bin auch an der Spitze gegangen und …«

»Du? Deine Mutter war ein Hamster!«

»Pft! Dein Vater mieft nach Holunderbeeren!«

»Ich leibwinde in deine ungefähre Richtung!«

Nur der Nestelschwab und der Blitzschwab sagten nichts.

»Und ich bin an der Spitze gegangen«, sagte der Allgäuer, »Bygost, ich will den sehen, der es mir nimmt.«

Nachdem sie lange Zeit so gehadert hatten, nahm der Seehas das Wort:

»Liebe Landsleute und Freunde, ich will euch was sagen: Die Welt wird einmal voll sein von unserer Tat und darum es tut Not, dass ein Siegeszeichen vorhanden bleibe auf ewige Zeiten. Weil wir nun aber dem Seehasen selbst nicht die Haut abziehen konnten, weil wir ihn nicht erwischt, sondern fortgejagt haben, über den Rhein hinein ins Franzosenland, wo er um sich beißen soll, so viel er mag. Wir wollen stattdessen die Bärenhaut samt dem Spieß in meiner Vaterstadt Überlingen ausstellen, in deren Nähe die Tat vollbracht wurde. Ist's euch recht, so hebt den Finger auf und sagt ja.«

Die anderen hoben den Finger und sagten ja. Auch der Allgäuer meinte:

»Ich sage nicht nein.«

Er gab die Bärenhaut her, die sie dann an den Spieß steckten. Und so kamen denn die Sieben Schwaben wieder zu Frieden und Freuden und zogen sodann in Überlingen ein, unter dem Jubelruf:

»Viktoria in Schwabenland!«

Darauf begaben sie sich gleich in die Kirche, wo sie Gott lobten und dankten für den glücklich errungenen Sieg. Danach aber gingen sie ins Wirtshaus zum goldenen Kreuz, um auch ihren Leib zu laben mit Seewein. Der Blitzschwab stimmte seine Fidel und sang:

»Nur närrisch sein, ist mein Manier
Nichts b'halten ich begehre
So trink' ich lieber Wein als Bier
Der Narren find't man meh're.«

Oseille Royale Extra Brut

Dies Kapitel handelt von den Seeweinen und welchen die Sieben Schwaben zu guter Letzt getrunken haben

Man erzählt von einem Schwaben, der nach Rom gegangen war. Als ihm ein wälscher Wirt einen guten Wein servierte, habe er ihn gefragt, was das für ein Saft sei? Der Wirt sagte, das seien Christi Tränen. Darauf soll der Schwabe die Augen gen Himmel gehoben haben:

»O Gott, warum hast du nicht auch in unserem Land geweint?«

Der Schwabe hatte wohl nie einen anderen Wein getrunken als Seewein, der füglich »Petri Tränen« heißen mochte. Es gab drei Gattungen von Seeweinen:

Die erste und beste Gattung war der Sauerampfer. Er schmeckte etwas besser als Essig und verzog einem das Maul nur ein wenig.

Die zweite Gattung war der Dreimännerwein. Der war schon räßer und saurer als Essig. Seinen Namen verdankte er dem Umstand, dass man beim Trinken drei zusätzliche Leute brauchte: Zwei Männer, die einen festhielten und ein dritter, der den Trank eingoss.

Die dritte Gattung war der Rachenputzer. Der hatte die gute Eigenschaft, dass er Schleim und alles andere löste. Wer sich allerdings mit dem Wein im Leib schlafen legte, musste sich unbedingt in der Nacht wecken lassen, damit er sich umdrehen möge, sonst würde ihm der Rachenputzer ein Loch in den Magen fressen.

Als nun die Gesellen in die Wirtsstube kamen und sieben Schöpple Wein verlangten, fragte der Wirt, was sie für einen wollten und nannte ihnen die Weine bei ihren Namen.

»Potz Blitz«, sagte der Blitzschwab, »ehrlichen Schwaben setzt man keinen Sauerampfer vor und sieht er denn nicht, Gispel, dass unserer sieben sind?«

Der Wirt brachte also sieben Schöpple Rachenputzer, vom extrafeinen. Er war aber Schliffel genug, um ihn sich als Sauerampfer bezahlen zu lassen. Die Sieben Schwaben zechten und tranken lustig fort bis in die späte Nacht hinein. Der Blitzschwab sang noch zu guter Letzt ein Liedchen, das endete:

»Mein Gesang will nicht mehr klingen
Hapus, Hapus, gute Nacht!«

Iesus Nazarenus Rex Suebis

Von der Kappel zum schwäbischen Heiland

Die Überlinger beschlossen einmütig, als sie von der Tat ihres Landsmanns vernommen und das erbeutete Siegeszeichen gesehen hatten, eine fromme Stiftung zu machen. Sie erbauten eine Feld-Kappel am See, wo der Spieß zum ewigen Andenken aufgehängt werden sollte. Die Kappel wurde erbaut zur Ehre des Erlösers und ein Bildschnitzer bekam den Auftrag, einen schönen Herrgott aus Holz zu machen, sieben Ellen hoch. Er tat wie geheißen und schrieb auf das Gestell mit vergoldeten Buchstaben:

Heiland der Welt.

Aber die Überlinger wollten die Inschrift nicht gutheißen. Es solle der schwäbische Heiland genannt werden, da der Herrgott den Sieben Schwaben aus ihren Ängsten und Nöten geholfen hätte. Und so geschah es denn auch.

Der Seehas aber baute sich eine Hütte neben dem Kirchlein und wurde ein Klausner. Es kamen viele Pilger nach Überlingen, denen der Klausner die Geschichte der Sieben Schwaben in allen Einzelheiten erzählte. Deshalb ist die Welt noch jetzt voll davon. Der schwäbische Heiland war zur damaligen Zeit so berühmt wie der große Herrgott in Schaffhausen. Im Dreißigjährigen Krieg aber wurde die Kapelle zerstört – und die Schweden haben das Siegeszeichen mit sich genommen.

Blitzschwab + Kätherle = ♥♥♥♥♥♥♥

Das letzte Kapitel, womit aber die Geschichte von den Sieben Schwaben noch nicht zu Ende ist

Was aus den anderen geworden ist und welche Abenteuer insbesondere der Spiegelschwab noch weiter erlebt hat, davon handelt ein eigenes Büchlein. Hier sei nur vom Blitzschwaben in Kürze gemeldet, dass der Spruch der Zauberin an ihm nicht wahr geworden, sondern dass gerade das Gegenteil geschehen war – denn er hatte ihren bösen Zauber zerstört.

Der Blitzschwab ist, wie versprochen, dem Kätherle aus der Grafschaft Schwabeck auf die Kirbe gekommen. Sie sind Mann und Frau geworden, haben viele Kinder gekriegt und ein langes, langes Leben geführt in Frieden und Einigkeit.

Die schönsten Geschichten stammen aus der Feder der besten Autorin aller Zeiten. Sie hat viele Namen wie Wirklichkeit, Realität oder Existenz – und sie wird uns begleiten bis ans Ende aller Tage. Bis dahin dürfen wir uns mit ihr erfreuen, oder uns alles von ihr verleiden lassen. Die Entscheidung liegt nach jedem Aufstehen bei uns selbst.

Ein kleines Wörterbuch: Schwäbisch – Deutsch

Albus m., von albus, lat.: weiß; eine seit dem Spätmittelalter im Rheinland und auch in Schwaben gebräuchliche Münze.

Allgäu n., in der BRD ungefähr das Land zwischen Bodensee, Donau und Lech. Vermutlich eine Zusammenziehung des althochdeutschen *alb*: Berg, Bergwiese, und des mittelhochdeutschen *göu*: (Gau): Landschaft, Gegend.

Balbiererbecken n., von Barbierbecken; früher waren Barbiere auch als Wundärzte, Krankenpfleger oder -wäscher beschäftigt.

Bannwart m., der Wärter, Hüter eines Gebietes, (z.B. eines Gehölzes, Bannholzes), dessen Benutzung nur dem Besitzer zusteht. Vgl. Eschhay.

Batzen m., historische schweizerische und süddeutsche Münze.

Beiten, von warten, harren; auch leihen, borgen.

Brät n., Fleisch, das Fleischige, Mett; auch derb: das fleischige Hinterteil.

Bräu m., der Brauer (wie Bäck = Bäcker, Wart = Wärter, u.a.).

Brente f., der Bottich, die Kufe, das Schaff.

Büchel m., auch: Bühel = kleine Anhöhe, Hügel(chen).

Bünkel (Pünkel) m., erhobener, hervorragender Teil; bauschige Masse, Bund, Bündel.

Bütsche f., größeres, hölzernes Trinkgefäß.

Butzemann m. vermummte Person, (Fastnachtsbutz), Kobold, Knecht Ruprecht.

Bygost! Ausrufformel; verkürzt aus: bey Gott! Das Schibboleth der Allgäuer.

Dachtel f., Ohrfeige.

Däsig adj. und adv., kleinlaut, zahm, unterwürfig.

Dennest adv., dennoch.

Digen, gedigen, von deihen, dichter werden, austrocknen; geräuchert.

Drangeld n., Angeld, Handgeld, Arrha, Naturalrabatt.

Dreibätzner m. ein Viergroschenstück. Der Schwabe zählt, wie der Schweizer, meistens nach Batzen.

Ein Ding (es ist), gleich viel.

Eisen plur., die Fesseln; (übertragen: das) Gefängnis.

Eschhay, m. der Flurschütz; aus Esch, Zelge, Flur, und Hay, Hüter (dieses von haijen, haigen). Vgl. Bannwart.

Fachsen (Faxen) plur., spaßhafte Einfälle, Scherzreden, Possen.

Fäsig adj. und adv., dünn stehend, selten, rar; zunächst vom Getreide.

Fastnachtsbutz m., Narr, Verkleideter; s.a. Butzemann.

Fatzvogel m., der Possenreißer, (wie Speivogel, Spötter). Vgl. Fachsen.

Fazinetle n., Diminutiv von Fazinet, von ital.: fazzoletto, das Taschentuch.

Fetzenkerl m., großer, unförmiger Mensch; sonst auch Enz-Kerl; s.a. Fetzensau: großes Schwein.

Flarren, laut und heftig weinen.

Föhl f., im Allgäu: Mädchen, Tochter.

Fraiß f., konvulsivischer Zustand; auch neudt.: Fratzengulasch.

Fuhr f., Benehmen, Betragen, Aufführung; auch: Unfuhr, üble Aufführung, eine Szene machen, Skandal.

Furchenphilosoph m., Neologismus für: Bauer, Landwirt, Ackersmann.

Gaudi f., lat.: gaudium = lustige Unterhaltung, Jux.

Gefriß n., derb für Mund, Gesicht, Miene, Fresse.

Gispel m., flatterhafter, unachtsamer Mensch. Vgl. Schliffel.

Glitzen, glitzern, glänzen, schimmern, funkeln, scheinen.

Grattel f., der Schritt, die Scheide der Beine. Daher **gratteln** v. die Beine auseinander sperren, schwerfällig gehen.

Grattlings adv. wie rittlings, stehlings, gehlings, d.h. im Zustande des Reitens, usw.

Grind m., verächtlich f. Kopf, Schädel. Vgl. Schwelles.

Grindten m., ein hoher Vorberg im Allgäu.

Häfen, pl. von ugs.: der Topf, der Kochtopf; aber auch: Kinder- oder Nachttopf.

Halt, Füllwort, wie: ja, gar, also.

Hag m., Stier, Zuchtstier; hiervon im übertragenen Sinne: das Befruchtende, Erzeugende, Dominierende, Herrschende; auch in ironischer Bedeutung.

Hapus, eine der vielen Bezeichnungen, welche die Mundart für »Rausch« aufzuweisen hat.

Häß n., auch: Häs, die Kleidung. Verwandt mit Hosen, in weiterer Bedeutung: Hülle.

Häßenfleisch n., Hasenfleisch.

Heinen, weinen; anderswo: hienen, zumal von Hunden.

Hemat n., das Hemd (mit Zierat und Zierde).

Heuren, Stammwort: Heurath, heurathen, heiraten.

Hirnkasten, fig. f. Schädel. Kasten heißt im Oberdeutschen auch der Raum unter dem Dach (sonst auch Boden genannt), meistens zur Aufbewahrung des Getreides bestimmt.

Hores Mores, Verballhornung von lat. mores = Sitten, vielleicht eine Anlehnung an Küchenlatein, ähnlich wie Hokuspokus.

Huischel m., das Füllen, Fohlen.

Hüst! Lenkwort für Zugvieh, um es nach der linken Seite zu leiten; Gegenteil von hott!

Hy! Treibwort für Zugvieh.

Janker m. kurzes Oberkleid, Jacke.

Just (juste) eben, genau, recht.

Kalfakter m., Müßiggänger, Taugenichts (ursprünglich von calefactor = Ofenheizer); kalfaktern = müßig gehen.

Känntle, Diminutiv von Kanten, Kanne, Kännchen.

Kappel f., die Kapelle (wie Spittel = Spital).

Käste f., die Kastanie.

Käther, weiblicher Taufname für Katharina.

Kauzen m., (bayrisch: Küenzen) Fettansatz unter dem Kinn. Den Kauzen einem streichen, ihm schmeicheln, zärtlich tun.

Keiche f., finsteres Gemach, Kerker.

Kirbe f., Kirchweih, Kirmes; auch: andere Aussprache für Kerbe.

Kläpperle n., Diminutiv von Klapper. Einem ein Kläpperle anhängen = ihn dem Spott preisgeben.

Knöpfle, Diminutiv von Knopf, kleine Mehlklöße.

Kog m., eig.: Aas; fig. ein niedriges Schimpfwort.

Krätten m., der Korb; von altdt.: cratto.

Krättenwagen m., ein Korbwagen.

Kurasche f., von frz.: courage.

Lalle m., derb: unzuverlässige, schluderige Person (Schweiz: Löli).

-le, Diminutiv-Form, vermutlich entstanden aus -lein, wie in Schweiz: lin, li, oder Bayern: 'l. In Schwaben als syntaktische Variable hauptsächlich an Hauptwörter, aber auch, zumal in der Kindersprache, an alles andere angehangen: z.B. achele! st. ach; wägerle st. wäger, wahrhaftig.

Leible n., das Leibchen, die Weste.

Losen, horchen, lauschen.

Lugen, sehen, schauen, lauern. Lugen und losen galten (laut Aurbacher) insgeheim als Schibboleth der Schwaben.

Lyrant m., Leyermann, Spielmann.

Mämmeli, schweiz.: Mütterchen.

Menbub m., leitet das Zugvieh vor dem Pflug; von: menen (franz.: mener), leiten, führen.

Mir nichts, dir nichts, ohne Rücksichten, ohne Umstände.

Morixeln, Verballhornung von lat.: mori = sterben; verrecken, abkratzen.

Mollen m., Stier, Ochse; deutet das Fleischige, Fette, Mollige am Tier an. Daher auch fig.: Schmerbauch. Vgl. Hag.

Mütterle, ein altes Weibchen. (Für Mutter in engerer Bedeutung lautet das Diminutiv Mutterle; so wie auch zwischen Väterle und Vaterle u. dgl. unterschieden wird.)

Nesteln: Nestelband, früher oft Alternative zu Knöpfen

Niederträchtig adj. und adv. herablassend, leutselig. Im Gegensatz zu hochfahrend, hoffärtig.

Pfnausen, schnauben, keuchen, schwer atmen.

Ploderer m., Schwätzer, Plauderer, Lügner.

Potz Blitz! Ausruf, Fluchformel, vermutlich entstanden aus »Gottes Blitz!« Vgl. Bygost.

Progeln groß tun, prahlen.

Räß adj. und adv. dem Geschmack nach beißend, scharf.

Reich n., im eingeschränktern Sinn: Schwabenland. Daher ein Reichler = ein Schwabe.

Ries n., die weite, flache, fruchtbare Gegend um Nördlingen.

Ritt f., das kalte Fieber; »dass dich die Ritt schütt'!« = dass dich das kalte Fieber packe, schüttele!

Röhren, überlaut und heftig weinen.

Runkunkel f., dicke, hässliche Frau; Elfe, Wuchtbrumme, stramm im Strumpf.

Schabab, armer, verächtlicher oder verachteter Mensch. Verwandt mit Schuft von schieben = der Ausgeschobene, Ausgestossene, der Auswurf, so Schabab = der Abgeschabte

Schimpfeln, scherzen, spielen, tändeln.

Schlenzen, wegschlenzen, schleudern, wegwerfen.

Schliffel m. ein schlauer, abgeschliffener Mensch.

Schnaufer m., der Atem.

Schneeberger m., auch: Bergsucht, veraltete Bezeichnung für eine Form des Lungenkrebses, ausgelöst durch stark toxische Stoffe (z.B. beim Bergbau) wie Wismut-, Kobalt-, Nickel- und Uranerze.

Schubet f., die Rinde, die Kruste von Speisen, die sich am Kochgefäß ansetzt.

Schwelles m., ugs. für Kopf, Schädel, Gehirn(s)kasten.

Stät adj. und adv. sachte, leise, langsam, sanft, still.

Strählen, kämmen, bürsten.

Strauß m., Kampf, Auseinandersetzung, Streit.

Strolch m., Landfahrer, Landstreicher.

Stuir f., Steuer, Abgabe.

Theriak m., von lat.: theriaca = Gegengift. Eine im Mittelalter weit verbreitetes »Wundermittel« gegen z.B. Schlangenbisse, meist stark opiumhaltig.

Üchse f. Achsel(höhle), aber auch derb: Vagina.

Wälscher, m., einer, der italienisch, französisch oder überhaupt eine fremde Sprache spricht; einer, der undeutlich redet.

Zottlets, von f., die Zottel(n), zottelig (mit Zierrat und Knöpfen, Bändern, etc. versehen), in positiver oder negativer Bedeutung.

Zwickele n., keil- oder rautenförmiges Stück Stoff, das in eine Naht eingesetzt wird.

Sagen und Legenden von Jägern und Wäldern

Ein wahrer Brüller

Der Ranzenpuffer

In Schwaben hatte der wilde Jäger zusätzlich zum gespenstischen Schimmelreiter noch weitere Dienstverpflichtete. Einen davon nannte man den Ranzenpuffer. Auch er ließ sich an unterschiedlichen Orten sehen und hören, auch er ritt einen Schimmel und wurde oft schlicht »der Reiter« genannt. Er hatte noch weitere Namen, unter anderem nannte man ihn den »Brüller«, weil er sich manchmal in einen Ochsen verwandelte.

Sein Hauptrevier befand sich auf dem Einsiedel bei Tübingen und dessen Umgebung, sowie im Bärloch, wo er als Bär brüllte. Man erzählte sich viele Geschichten von ihm, in denen er sich in ein Tier oder ein tierähnliches Wesen verwandelte. Er spielte den Jägern und Waldarbeitern zahlreiche Streiche – fast immer mit bösem Ausgang.

Ursprünglich war der Ranzenpuffer auf dem Einsiedel als Weidgesell (heute: Hilfsjäger) tätig und beaufsichtigte das Wild. Er soll ein, wie Bechstein es ausdrückte, »Freischützkaspar mit Kartenspiel und Würfellust gewesen sein« – und dabei alles getan haben, was zum ewigen Jägerleben helfe.

~

Ein in Schwaben und Baden ansässiger Spukbrüller habe sich als Ochse und als Schwein in vielen Gegenden gezeigt. Er galt als sehr gefährlich, insbesondere wenn er sich auf sein hohes Pferd setzte. Viele Menschen, meistens Jäger und Waldarbeiter, aber auch Wanderer, Spaziergänger und fahrende Kaufleute, erlitten schlimme Unfälle, wenn sie es mit diesem Brüllaffen zu tun bekamen.

Bald darauf aber sei der Brüller in die Schweiz ausgewandert und die Lande hatten endlich Ruhe vor ihm.

Ein Weh, ein Re – ein Kontra

Der Jäger des Zollern

Im Jahre 1390 hatte Graf Friedrich der Schwarze, einer der Hohenzollern, einen bösen Jäger in seinem Tross. Dessen Sinn stand nach den dunklen Künsten und Teufelsstücken seiner Zunft. Ein fremder Weidmann unterwies ihn eines Tages mitten im Wald, wie man einen gottlosen Schuss tun könne, damit man in den Besitz aller möglichen höllischen Weidmannskünste gelange.

Nahe der alten Heiligkreuz-Kapelle bei Hechingen stand ein Bildstock mit einem Kruzifix. Auf dieses Kreuz zielte der Jäger des Zollern mit seiner Armbrust. Es galt, drei Bolzen hineinzuschießen: Wenn ihm das gelänge, würde Herr Urian seinen Pfeil allezeit segnen, sodass jeder Schuss in Ziel treffen würde.

Der Jäger schoss und traf das Herrgottsbild rechts in die Seite, wohin auch seinerzeit der römische Kriegshauptmann mit seinem Speer getroffen hatte. Neben der Spitze des Bolzens drangen Blutstropfen heraus. Gleich darauf tat der Jäger den zweiten Schuss und traf abermals: mitten ins Herz. Sofort schoss ein Blutstrahl aus dem Bild und der Jäger legte zum dritten Schuss an. Dieses Mal zielte er nach dem Haupt, von der Dornenkrone bedeckt.

Doch plötzlich sank der Frevler bis zum Bauch in den Boden hinein und die Erde hielt den gottlosen Jäger eisern fest. Kurze Zeit später wurde er in dieser Lage gefunden. Man machte ihm kurzen Prozess – und ihn einen Kopf kürzer. Danach stellte man die Geschichte in der Kapelle zum Heiligkreuz bildlich dar, als Mahnung und Warnung, und auch das durch die Schüsse verletzte Christusbild wurde dort aufbewahrt.

»Hu dock dock dock!«

Der ewige Jäger in Schwaben

In Schwaben schoss ein Jäger in der Christnacht und am Karfreitag in die Sonne, damit er Freikugeln erlange und für diesen Frevel wurde er zu ewiger Nachtjagd verdammt.

~

Ähnliches geschah einem Jäger aus dem Buchwald bei Neuenburg, sowie einem Weidmann, dessen Revier zwischen Bad Wildbad und Dobel lag. An beiden Orten kann man die Verfluchten nachts durch die Wälder hetzen hören, rastlos jagend, ihre Hunde anrufend, die bellend vorauslaufen.

~

Nahe dem erwähnten Dobel wohnte ein Jäger namens Neck. Der erschoss nicht nur zahlreiche Wilddiebe, sondern hatte auch große Freude daran. Einmal erschoss er fünf auf einen Streich, noch dazu an einem Sonntag, als diese ihrem Diebeswerk im Wald nachgingen. Doch die Sterbenden wünschten ihm das ewige Leben und einer der Wilddiebe, der ebenfalls Freikugeln hatte, schoss ihm mit letzter Kraft mitten durchs Herz.

Seitdem ritt Neck auf einem Hirsch durch die Wälder und bellende weiße Hündchen begleiteten ihn. Auch bei Pfalzgrafenweiler zeigte er sich und schrie die Hunde an:

»Hu dock dock dock! Hu dock dock dock!«

~

In der Nähe von Wurmlingen nannte man den ewigen Jäger auch Riesenjäger, nicht, weil er die Riesen jagte, sondern weil er eine Riesengestalt war.

Bei Sigmaringen hieß er Ruprecht und bei Kolbingen nannte man ihn Hans – vielleicht darum, weil so mancher Hans denkt, er sei ein Jäger.

»Hu Dreck Dreck Dreck!«

Vom Buchjäger

Sobald im Norden oder im mittleren Deutschland vom wilden Jäger die Rede ist, denken die Menschen sogleich an einen: Hanns von Hackelberg, den einstigen Oberjägermeister von Braunschweig, dessen große Jagdkunst nur von seinem noch größeren Übermut übertroffen wurde – und ihn zum Sisyphus der deutschen Wälder werden ließ.

~

In Schwaben allerdings scheint es in jedem Forst einen wilden Jäger zu geben. Vielleicht bringen die sonst eher besonnenen Schwaben in jeder Gemeinde einen aus ihrer

Mitte hervor, der sich der Ruhe entziehen und den Teufel an die Wand malen muss – wie die Rheinländer es im Karneval tun: Ulm bleibt Ulm, wie es schießt und kracht.

~

Im Dornhaner Wald jagte einer dieser ewigen Jäger unter dem Namen »Buchjäger« umher, in Wald und Feld, über Anger und Wiesen. Als er einmal über den Schindanger ritt, schrie er wie üblich seine fünf Hündchen an:

»Hu deck deck deck! Hu deck deck deck!«

Eine Dornhaner Frau fühlte sich ein wenig vorwitzig und schrie zum Fenster heraus:

»Hu Dreck Dreck Dreck! Hu Dreck Dreck Dreck!«

Batsch! Schon hatte sie es auf die Nase bekommen. Der Buchjäger hatte ihr einen frischen Pferdeschinken zugeworfen, der ihr auch die letzten Zähne ausschlug.

Ganz ähnlich erging es einem Mann in Wiesental. Als er den Ruf des wilden Jägers über sich hörte, rief er ihm keck hinterher:

»Huhu! Huhu!«

Plötzlich flog ein dicker Knochen herunter und der Buchjäger schrie:

»Hascht mer helfe jage
Muescht au helfe nage!«

Der Mann hatte natürlich nicht so viel Anteil an der Jagd wie behauptet und doch war sein reichlicher Lohn der frühe Tod – denn er starb an der Zehrung.

»Solches ist noch niemandem offenbart worden!«

Der Weltsjäger (das Weltschjägerle)

In vielen Gegenden Schwabens wird der ewige Jäger das Weltschjägerle genannt, weil er um die ganze Welt herum jagen und laufen musste. Er zeigte sich meistens in der Gestalt eines kleinen verhutzelten Männchens in grüner Weidmannstracht. In Schwaben stellte man sich den Teufel manchmal sehr ähnlich vor – wenn er als grüner Jäger auf die Jagd nach Menschenseelen ging.

Des Weiteren erzählte man sich auch, dass der Teufel nicht lange mehr nach Seelen jagen würde, denn in der Schweiz lebe ein gewisser gelehrter Professor. Wenn Meister Urian diesem nachjagen und sich seiner Seele bemächtigen wolle, würde ihm dieser Professor der Naturgeschichte beweisen, dass ein Mensch gar keine Seele habe – gerade, wie es der Kasper im Puppenspiel von Doktor Faust getan hatte. Wenn er erstmal erfahren habe, dass es gar keine Seelen gebe, würde der Teufel einen schönen Zorn kriegen.

~

Das Weltschjägerle muss ewiglich durch die Lande geistern, weil es immer an einem Sonntag gejagt hatte – was damals streng verboten war. Es war natürlich kein Einzelfall und wenn mancher Sonntagsjäger hiervon erführe, würde ihm angst und bange werden. Die meisten anderen Sonntagsjäger würde es wenig kümmern: Sie können niemals umhergeistern – denn sie wissen nicht, wie sie das anfangen sollten.

~

Vor langer Zeit ritt einer der Grafen von Württemberg zur Jagd in seinen Wald. Es war ein stiller Tag gewesen, doch plötzlich rauschte und brauste es im ganzen Gehölz. Kurze Zeit später ritt das Weltschjägerle dicht hinter dem Grafen her. Der hatte gerade einen Hirsch in der Nähe zu sehen geglaubt, stieg von seinem Ross, stellte sich neben einen Baum und fragte den Geist:

»Willst du mir etwas zuleide tun?«

»Nein«, sprach der ruhelose Geist, »ich will dich nicht schädigen, denn ich bin selbst genug geschädigt worden. War vordem ein Herr wie du, ein Jagdfreund wie du und verlobte mich zur ewigen Jagd. Dieser Wunsch wurde mir leider erfüllt und seit fünfhundert Jahren jage ich nun immer ein und denselben Hirsch.«

»Wessen Hauses bist du?«

Der Graf fragte mit einigen Hintergedanken, denn die Geschichte war reichhaltig von Adeligen, die nach dem Tod nicht zu Ruhe gekommen waren. Doch das Weltschjägerle gab barsch zurück:

»Solches ist noch niemandem offenbart worden!«

Der Graf blieb standhaft:

»Zeige mir dein Angesicht, ob ich dich erkenne!«

Nun enthüllte das Weltschjägerle sein Angesicht: Es war nur faustgroß, zusammengeschrumpft und verrunzelt wie eine faule Rübe. Es grauste den Grafen derart, dass es ihm die Sprache verschlug. Der Geist ritt still hinweg, dem ewigen Hirschen hinterher. Auch der Graf ritt still hinweg – und ging nie wieder zur Jagd.

Hauke Haiens Dienstkollegen

Die Schimmelreiter

Die sogenannten Schimmelreiter sind Kumpane des wilden Jägers, der selbst oft gerne einen Schimmel reitet. Die gespenstigen Schimmelreiter haben die Eigenheit, niemals ihren Kopf aufzusetzen, sondern sie reiten mit dem Hut unter dem Arm – und im Hut steckt zugleich ihr Kopf. Außerdem erhalten die Schimmelreiter oft ganz besondere Namen und von jedem einzelnen wird dieses und jenes erzählt.

Einer dieser Schimmelreiter zog durch den Obernwald bei Wurmlingen. Die Leute der Gegend nannten ihn »Junker Jäckele«. Zu seinen Lebzeiten hatte er ein Schloss in Poltringen besessen und nach seinem Leben war er ein spukender Polterjan geworden. Er schaute stets zum Fenster hinaus und dabei rauchte er eine Tabakspfeife, so groß wie ein Blumentopf. Er hatte sechs Hunde, je zwei mit einer blanken Kette verbunden – und immer war ein Paar größer als das andere. Nachts konnte man ihn die Hunde antreiben hören, wie es die Jäger im Wald zu tun pflegen:

»Hup hup, hup hup!«

~

Im Bebenhäuser Tal spukte der Bachreiter. Man nannte ihn so, weil er seinen Weg im Goldersbach nahm und im Wasser patschte und platschte. Sein Schimmel war schneeweiß und hatte blutrote Flecken. Bisweilen ließ sich der Bachreiter auch zu Fuß erblicken, dann hatte sein Schimmel einen freien Tag und ging auf eigene Rechnung spuken.

~

Ein anderer Schimmelreiter ließ sich manchmal in Betzingen bei Reutlingen sehen. Diesen nannte man den »Unhalde-Geischt«, wieder ein anderer bei Wankheim im Elsenwäldle bei Tübingen. Andere wurden bei der Nehrener Kelter gehört und gesehen, bei Eningen unter der Achalm, bei Pfullingen, unter der alten Burg bei Reutlingen, bei Jettenburg, bei Sulz, bei Hohenstaufen, bei Balingen und bei Nordstetten. Wenn das Oberhaupt dieser Gesellschaft es also wollte und ins Horn stieß, konnte er eine ganze Kavallerie-Schwadron Schimmelreiter zusammenrufen. Alle waren zeitlebens Nichtsnutze gewesen und deshalb trug jeder seinen Kopf unter dem Arm.

Sagen und Legenden von Hexen, Zauberern und Zwergen

Mama Morgana
Sibyllenhöhle

Es sollte nicht verwundern, dass die Sibyllenlegende in vielerlei Versionen erzählt wird, denn es handelt sich um eine der bekanntesten Sagenfiguren der Region. Der Autor findet bei der Recherche zu europäischen Sagen und Legenden immer wieder folgendes Muster vor:

Frauen sind entweder Heilige, sie bewirken Wunder, oder sie sind fromme Figuren, die ungerechterweise Schmerz und Pein ertragen müssen – wie eine Frau Maria, die unbefleckt den Erlöser empfing, als sei der Akt menschlicher Zeugung Sünde.

Wenn diese Art der Geschichte keine Zuhörer mehr zu finden scheint oder wenn das angeblich Böse der Menschheit dargestellt werden muss, verwandeln sich Frauen in Hexen und Huren, werden als schwach oder hinterlistig, als tückisch und wortbrüchig gezeichnet – ganz wie die Frauen Eva, Rebecca und Delila.

Seit sich Menschen Geschichten erzählen, gilt jedoch eine Regel vor allen anderen: Ein Mensch, der als unauffälliger Nachbar, als ehrbare Marktfrau, als braver Steuerzahler oder als gutmütige Mutter lebt, ist für Erzählstoff offenbar völlig unbrauchbar und wird eher als Besserwisser, Kleingeist und Erbsenzählerin verschrien. Wäre Sibylle eine Monika Mustermann gewesen, wäre ihr dasselbe Schicksal widerfahren, das die meisten von uns erwartet: spätestens drei Generationen nach dem Tod vergessen zu sein. Sibylle folgte jedoch den Spuren der Lilith – zumindest auf den Lippen der erzählenden Menschen:

In einem Schloss, tief unten im Sibyllenloch am Fuße des Teckfelsens, lebte die Sibylle. Sie war eine sehr weise Frau und sie half den Menschen, wenn sie sich bei ihr Rat holten. Sibylle wusste alles, was man wissen konnte, und deshalb konnte sie auch die Zukunft voraussehen. Sie bewahrte große Schätze in ihrem Schloss auf, doch verwendete sie das Gold und die Edelsteine nicht für sich selbst, sondern gab es den Armen und Notleidenden.

Ihre drei Söhne waren jedoch von anderem Schlag. Sie errichteten eigene Burgen, der eine auf dem Rauber, der andere auf dem Wielandstein und der dritte errichtete die Diepoldsburg. Von diesen Burgen aus zogen sie zu ihren regelmäßigen Raubzügen. Dabei plünderten sie Bauern aus, beraubten Kaufleute ihrer Ware und waren eine Schikane für das ganze Land.

Sibylle schämte sich ihrer missratenen Söhne und konnte nicht länger in ihrer Nähe bleiben. Eines Abends entschwebte sie in einem Feuerwagen von ihrer Höhle aus durch die Lüfte und man hat sie nie wieder gesehen. Niemand kann mit Bestimmtheit sagen, wohin sie gezogen ist. Man weiß jedoch, dass an den Stellen, wo ihr Wagen auf dem Boden eine Spur hinterlassen hat, das Korn üppiger als an anderen Stellen gedeiht – vielleicht der letzte Segen, den Sibylle den Menschen hinterlassen hatte.

~

Das frühe Schloss Teck war ein Stammsitz der alten württembergischen Herrscher. Am Burgberg findet sich noch heute eine Felshöhle: das Sibyllenloch.

Die Menschen berichten, dass dort vor langer Zeit die berühmte Sibylle gewohnt hatte. Jeden Tag sollen Menschen sie aufgesucht haben, damit Sibylle ihnen die Zukunft vorhersage. In der Höhle soll außerdem noch ein großer Schatz liegen, denn Sibylle war auch als Wohltäterin bekannt und wenn jemand sie um etwas bat, erhielt man den Wunsch erfüllt. Der Schatz soll noch heute von einem schwarzen Hund bewacht werden, ebenso wie der Schatz in der verfluchten Jungfernhöhle bei Eisenach.

~

Viele Volkssagen nennen geisterhafte Baum- und Höhlenbewohnerinnen Sibyllen. In der Regel können sie weissagen und sind vielleicht ein Nachhall von heidnischen Zauberfrauen aus grauer Vorzeit.

~

Im Schmalkaldischen Krieg wollten einige spanische Soldaten den Schatz in der Sibyllenhöhle am Berg Teck heben. Sie hatten davon gehört und waren gleich dafür entbrannt, erhielten aber offenbar für ihre Mühe einen sehr schlechten Lohn: zerfetzte Kleidung, blaue Flecken und einen geknickten Stolz.

Die Sibyllenhöhle soll sich bis nach Owen erstrecken und bis hinein in das Grabmal der alten Herzoge von Teck. Eine zweite Höhle an der Teck von weniger poetischem Ruf sei das sogenannte Frena Bruklins-Loch. Auch dort soll vor langer Zeit eine Frau mit zwei Kindern gewohnt haben.

Wo immer man auch den Namen der Sibylle kannte, wusste man auch ihre Wagenspur zu zeigen, mancherorts die Sibyllenfahrt genannt, denn: Jedes Feld, über das sie fuhr, blieb vierzehn Tage länger grün als das übrige Land.

Hexenbrand den Ritter schwand

Das Feuer der Hexe

Eine Witwe im Nördlinger Ries hatte einen Sohn. Der hatte einen Einspänner, fuhr auf der Straße und ernährte damit seine alte Mutter. Eines Tages wurde der Sohn von einem Hohensteiner Herrn gefangen, zur Zahlung einer Abgabe verpflichtet – und seine Mutter musste ihn auslösen. Das Ganze geschah erneut und dieses Mal musste die Mutter all ihr Hab und Gut aufwenden, damit sie den Sohn wieder auslösen konnte.

Als nun der Sohn zum dritten Mal ergriffen, auf das Schloss geschleppt und in den Turm geworfen wurde, konnte die arme alte Witwe den Sohn nicht noch einmal auslösen. Sie war durch die beiden vorigen Abgabenlasten vollkommen verarmt. Sie flehte den Ritter um Gnade an, aber der schlug ihre Bitte aus – doch da sprach die alte Frau zu dem Herrn von Hohenstein:

»Ihr habt mich zu einer Bettlerin gemacht und nun wollt Ihr meinen Sohn zu Unrecht im Turm verfaulen lassen! Aber ich schwöre Euch, ehe noch mein Sohn verfault, sollt Ihr selbst verdorren!«

Der Ritter lachte über die törichte Drohung, verpasste der Alten einen Fußtritt und ließ sie ziehen. Die Frau war jedoch in Wirklichkeit eine Hexe. Sie machte sich zuhause ein Bildnis des Ritters, sprach die Zauberformeln dazu, legte das Bildnis in einen Kochtopf und rückte den zum Feuer.

Am nächsten Morgen nach dem Frühstück stand der Herr von Hohenstein zusammen mit einigen Edelleuten auf der Brücke und unterhielt sich mit ihnen. Plötzlich aber begann er zu schreien und sich zu krümmen:

»Au! Ah! Es brennt, es brennt! Feuer! Feuer in meinen Eingeweiden! Die alte Hexe verbrennt mich! Schnell, sattelt mein Pferd!«

Er ächzte und stöhnte und warf sich auf das vorgeführte Pferd, sprengte nach Comburg in das Kloster, ließ sich mit den Sterbesakramenten versehen und war schon am nächsten Tag unter grausamen Schmerzen am inneren Brand verblichen. Er liegt zu Großcomburg (auch: Comburg) begraben, im Gang vor dem alten Kapitelhaus – und er soll der letzte in einer langen Linie Hohensteiner Herren gewesen sein.

»Nur drei Mal dreifach küsse mich.«

Melusine

Die Ortsangaben zu dieser Sage sind sehr zahlreich: Manche nennen Schloss Staufenberg, andere Freudenstadt oder Rottweil, wieder andere scheinen die Sage mit aller Gewalt für ihren Heimatort beanspruchen zu wollen. Sicher ist, dass die Legende der Melusine seit Jahrhunderten das Schwabenland fesselt und deshalb darf sie hier nicht fehlen.

In den damaligen südwestdeutschen Landen lag der Stollenwald. Dort befand sich auf dem Stollenberg eine alte Burgruine, in der Nähe aber stand Schloss Stauffenberg (heute wahrscheinlich: Schloss Staufenberg in Durbach). Auf letzterem Schloss lebte der Sohn eines Amtmanns. Er liebte den Vogelfang und ging eines Tages in den Wald, um Meisen zu fangen. Plötzlich vernahm er vom Stollenberg her eine sehr liebliche Stimme, die ein Lied sang. Der junge Mann ging ihr nach und erblickte im Gebüsch eine hübsche junge Frau, die ihm zurief:

»Erlöse mich, erlöse mich
Nur dreimal dreifach küsse mich!«

»Wer bist du denn?«

Der Jüngling hat seine Frage kaum ausgesprochen, als die Erscheinung sprach:

»Melusine heiß' ich
Himmel-Stollens Tochter bin ich
Küsse früh zur neunten Stund'
Furchtlos Wangen mir und Mund
Dann soll ich erlöset sein
Und bin mit meinem Brautschatz dein!«

Der Jüngling betrachtete das wunderbare Wesen. Melusine war wunderschön: ein hübsches Gesicht, blaue Augen und blonde Locken. Auch um den Oberleib war sie lieblich und wohl beschaffen – aber Hände und Füße boten ein anderes Bild. Die Hände hatten keine Finger, sondern glichen offenen Beuteln. Die Füße waren gar nicht vorhanden, sondern an ihrer Stelle befand sich ein Schlangenleib. Dennoch gab der Jüngling der Erscheinung die ersten drei Küsse ohne Bangen. Melusine äußerte eine Freude über den ersten Kuss wie die Jungfrau im Heidenloch – und dann verschwand sie.

Am nächsten Morgen kam der Liebhaber wieder, zog dem verlockend süßen Liede nach, das ihm erneut entgegen klang. Nun fand er sie geflügelt, der Schlangenleib war grün geschuppt und lief in einen Drachenschwanz aus. Augen und Antlitz Melusinens aber waren wunderbar schön und strahlend. Es blühte ihm vor allem aus dem kussigen Mund ein Verlangen so verführerisch entgegen, dass er ihr dennoch wieder die drei Küsse gab.

Melusine erzitterte vor Lust und Verlangen und rauschte ihm mit den Flügeln ums Haupt. Der Jüngling konnte in der folgenden Nacht kaum ein Auge schließen. Alle seine Gedanken waren bei der glühenden, sinnlich schönen Gestalt und noch vor dem Morgengrauen lief er durch den Wald, der süßen Liedesstimme nach.

Doch nun zeigte sich ihm ein anderes Bild:

Melusine hatte einen Krötenkopf, wie die Jungfrau auf dem Krötenstuhl – und den mochte der junge Mann mitnichten küssen. Erschrocken über die unansehnliche Gestalt gab er Fersengeld, lief, was er laufen konnte, hörte sie noch lange hinter sich rascheln und rufen – wehklagend um ihre Erlösung bittend.

Der junge Mann ging niemals wieder auf den Stollenberg. Er begann, um ein anderes Mädchen zu werben. Sie mochte nicht so zauberschön wie Melusine sein, doch dafür hatte sie keinen Krötenkopf und keinen Schlangenleib. Die Tage vergingen und das junge Paar war mit dem Leben zufrieden.

Als das Hochzeitmahl auf Schloss Stauffenberg bereitet und die Gesellschaft recht fröhlich war, spaltete sich oben in der Zimmerdecke die kostbare Täfelung, so wenig, dass es kaum mit bloßem Auge sichtbar war. Plötzlich fiel etwas in den Teller des Gemahls, sanft wie ein Tröpfchen Tau – kein menschliches Auge hatte es bemerkt.

Als der glückliche junge Mann den nächsten Bissen nahm, war es just dieser, auf den der Tropfen gefallen war. Er führte die Gabel zum Mund und sank im nächsten Augenblick tot nieder. Oben in der Decke glitt ein kleiner Schlangenschweif aus der Ritze hinaus – doch die Gesellschaft bemerkte nichts davon.

~

Zu anderen Zeiten war Melusine einem Hirtenmädchen erschienen, hatte es in den Stollenberg geführt und ihr die unterirdischen Schätze gezeigt. Dann nannte Melusine ihr die Bedingungen, unter denen sie diese Schätze erhalten sollte, wenn sie das Werk der Erlösung vollbringe. Doch das Mädchen erzählte im Dorf von dieser Geschichte. Das kam dem Pfarrer zu Ohren und er bedrohte sie mit Kirchenbuße, sollte sie sich mit dem Gespenst einlassen. Die Hirtin wurde ganz still, hat nie mehr davon gesprochen und konnte das Werk der Erlösung nicht vollbringen.

~

Noch heute steht ein doppelter Tannenbaum aus einer einzigen Wurzel an der Stelle, die man »bei den zwölf Steinen« nennt. Die Tanne heißt auch »Melusinenbaum«.

Geheimnisse des Wassers

Die Seejungfrauen

Den Herrenwiesersee nennt man auch den Hummelsee oder den kleinen Mummelsee, in Anlehnung an den großen Mummelsee, der drei Stunden südlich gelegen ist. Der kleine Mummelsee ist unergründlich wie der große und auch in ihm wohnten vor langer Zeit Seejungfrauen. Man nannte sie auch Seeweiblein.

Sie waren gut zu den Menschen, waren hilfreich, kamen zur Nacht herab ins Seeland, wuschen frommen Leuten ihre Wäsche, trockneten sie und bleichten sie zur Nacht im Mondschein. Die Seejungfrauen backten außerdem Brot, fegten die Häuser und verhielten sich ganz wie die guten hilfreichen Erdmännele und Erdwichtele. Den guten Wein schnitten sie zur Herbstzeit ab und trugen ihn in die Bütten, aber den sauren ließen sie hängen für die Vögel und darum gab es in den alten Zeiten besseren Wein als jetzt. Man sagte, dass damals auch die Menschen besser waren.

Seit sich nämlich hie und da miserable Banden zusammentaten, denen Treue und Glaube nichts mehr galten, die Gott leugneten und seine Diener verhöhnten, seit dieser Zeit kamen auch die Seejungfrauen nicht mehr zum Vorschein. Keine hilfreichen Hände, keine gutherzigen Helferinnen mehr. Ein verlorenes Paradies.

~

Manchmal zeigten sich allerdings noch schlimme Gesellinnen, wie zum Beispiel eine Nixe im Huzenbacher See. Die tauschte das Knäblein einer Köhlerfrau gegen einen abscheulichen Balg aus, während die Mutter in den Wald gegangen war. Der Wechselbalg hatte einen Kopf, so groß wie ein Eimer. Er hatte Kalbsaugen, war hässlich wie ein Weberknecht und hatte dünne Beine. Er schrie immerfort, erst wie ein Rabe, dann wie ein Frosch.

Als der Mann nach Hause kam und die Wehklage seiner Frau vernahm, strich er den Balg mit Ruten – da hörten beide plötzlich ihr Kind am Seeufer weinen. Schnell eilte die Mutter zu ihrem Kind und brachte es in Sicherheit. Der Vater nahm den Wechselbalg und warf ihn in den See. Gleich fuhr die Nixe heraus, zerriss den Wechselbalg, fraß ihn mit Haut und Haaren und dabei wallte und wogte, rauschte und brauste der See, als habe er noch viele solcher Geschichten zu erzählen.

»Mein Schöpfer, mein Grund.«

Das Rockertweible

Im Murgtal war selten vom ewigen Jäger die Rede, auch das Wodesheer wurde kaum erwähnt. In dieser Gegend lebte und webte vielmehr eine wilde Jägerin, eine geheimnisvolle Frau. Man erzählte sich viel von ihren Kräften – und doch war sie nicht wie die viel bekanntere Frau Holle oder Frau Perchta. Man nannte sie das Rockertweible. Der Name kam vom Rockertwald, der ihr Lieblingsaufenthalt war.

Das Weiblein wurde als uraltes Fräuchen beschrieben, in altmodischer, nicht besonders gut erhaltener Tracht, denn das jahrelange Ziehen durch Hecken und Dornen hatte seine Spuren hinterlassen. Das Rockertweible trug einen großen Schlüsselbund, hatte immer mehrere Hunde bei sich, kommandierte diese wie der wilde Jäger die seinigen und geisterte so in der Gegend umher.

Das Rockertweible soll eine Gräfin von Eberstein gewesen sein, die sich durch einen Trick in den Besitz eines großen Teils sowohl des Rockertwaldes als auch des Schwanns brachte. Man zweifelte ihr Anrecht auf diese Ländereien an und die Gräfin legte den Schwur ab:

»So wahr mein Schöpfer über mir ist, so wahr stehe ich hier auf meinem eigenen Grund und Boden.«

Die dreiste Frau hatte jedoch Erde aus ihrem eigenen Garten in ihre Schuhe getan und dazu heimlich ihren Schöpfer – so nannte man dort seinerzeit den Esslöffel – unter die Federn ihres schwarzen Samthuts gesteckt. Diesen Hut muss sie nun seitdem bis in alle Ewigkeit tragen. Manche sagten allerdings, sie erscheine nicht mehr – und man vermutete, dass sie erlöst worden ist.

Hotel Wasserfrau und Hotel Holzfrau

Wasser- und Holzfrauen

Ein Herr der heute abgegangenen Burg Hohenstein in Hohenstadt hielt eine Fastnachtsfeier, zu der einige lustige Edelfrauen kamen. Diese hielten nach dem Abendessen einen Maskenball, gingen hinüber in das Schloss Neuenbronn über der Bieber, tanzten dort eine Weile und gingen dann hinab zur Mühle unter dem Schloss.

In diesem Haus hielten die Bauernmädchen ihre Fastnacht und die reichen, auf seltsamste Weise verkleideten Edelfrauen wollten sich zum Tanz unter sie mischen. Als aber die jungen Bauernfrauen die wunderlich herausgeputzten Weiber und deren spitze Kapuzenhüllen erblickten, rannten sie schreiend aus der Stube – und die Edelfrauen gingen ganz still wieder zurück nach Schloss Hohenstein.

Am nächsten Morgen war ein großer Aufruhr im Dorf: Die Wasserfrauen aus der Bieber seien zum Tanz der Bauernmädchen gekommen. Als letztere aus der Stube flohen, seien jene wieder an die Bieber gegangen und jede mit einem Plumpser ins Wasser gefallen, dass man es weithin hatte platschen hören. Danach seien sie im Wasser verschwunden und nicht wieder aufgetaucht. Deshalb hat der Tümpel bei der Mühle bis zum heutigen Tag den Namen »Wasserfrauenstube«.

~

Die Herren von Weinsberg hielten oft ihre Jagd im Wald bei Winzenweiler, nicht weit von Gaildorf. Als nun die Weinsberger wieder einmal dort eine Schweinetreibjagd hielten, waren ihre Frauen als Begleitung dabei. Die Herren hatten ein Feuer und die Frauen es sich darum herum gemütlich gemacht.

Nach einer Weile kamen zwei Bauern, die auf einsamen Höfen wohnten, durch den Wald. Sie sahen die Frauen am Feuer sitzen und weil die Bauern noch nie derart prächtig gekleidete Frauen gesehen hatten, erschraken sie bis aufs Mark. Die beiden schlichen sich ängstlich davon und machten, dass sie Land gewannen.

Als sie wieder bei ihren Leuten waren, berichteten sie atemlos, dass sie die Waldfrauen gesehen hätten – denn so stark war beim deutschen Volk der Glaube an die mythische Dämonenwelt. Deshalb heißt jener Ort, der samt dem Wald später an das Stift Comburg fiel, noch bis heute: die »Holzfrauenstube«.

Die fleißigen Spinnerinnen
Vom Urschelberg

Über Pfullingen erhebt sich der Urschelberg. Und ganz wie sein Name an den Hörschelberg (früher eigentlich: der Hörseelenberg; heute: die Hörselberge) in Thüringen erinnert, so hat auch er an einem Abhang eine Höhle. Beim Urschelberg liegt sie unter dem »Hörnle«, ganz wie der Hörschelberg ein nach Eisenach zugestrecktes Horn besitzt: das Hörselloch. In Pfullingen und Umgebung nennt man die Höhle des Urschelbergs: das »Nachtfräuleinsloch«.

Genau wie Frau Holle als alte Spinnenfrau im Hörseelenberg, wohnte die alte Urschel als Spinnerin im Urschelberg. Der gesamte Berg und die ganze Umgegend waren mit Sagen über sie erfüllt. Ein Teil dieser Sagen deutet darauf hin, dass die Urschel, ganz wie andere wandernde Jungfrauen aus verwünschten oder versunkenen Schlössern, auf ihre Erlösung warten müsse. Im Urschelberg sollen übrigens gleich zwei Schlösser versunken sein.

Die Erlösung könne nur geschehen, wenn eine Eichel zum Baum erwachse und aus diesem eine Wiege gefertigt würde. In dieser Wiege müsse ein Sonntagskind liegen, wie die Eichel zum Baum vom Säugling zum Manne erwachsen – und dann eine Prüfung bestehen. Diese Prüfung erforderte jedoch stets mehr Mut, als ein Mensch gewöhnlich in sich trug – und so musste die Urschel weiter ihrer Errettung harren.

Nach anderen Quellen war es keine Eiche, sondern eine von der Urschel selbst gepflanzte Buche, aus welcher die Wiege gefertigt werden musste. Noch heute soll eine solche Buche auf dem Urschelberg stehen und von ihr gehütet werden.

~

Wie Frau Perchta (auch: Berchta) im Vogtland ein Gefolge von Heimchen hatte, besaß die Urschel eines aus Nachtfräulein – meist waren es drei Stück. So war es auch an dem Abend, als sie in deren Begleitung nach Pfullingen auf die Wiek kam, einer Häuserreihe bei der Heergasse. Dort gesellte sie sich zur Spinnstube (auch: Lichtkarz, Rockenstube, Kunkelkammer) und man spann sehr fleißig.

Einer der jungen Burschen machte sich aber den Scherz, einem der Nachtfräulein den Faden abzubrechen. Dann wollte er nach der üblichen Sitte, indem er den Rocken

nahm, diesen mit einem Kuss ausgelöst haben. Das nahmen ihm Frau Urschel und die Nachtfräulein sehr übel. Sie nahmen ihre Spindeln, gingen von dannen, kamen nie wieder in dieses Haus und von dem Haus wich seitdem aller Segen.
Die Urschel und ihre Nachtfräulein besuchten bisweilen andere Häuser und spannen nicht allein für sich, sondern auch für die Frauen, die sie besuchten. Sie spannen deren Kunkeln leer und alle Spindeln voll. Außerdem waren sie Meisterinnen ihres Handwerks und spannen den feinsten Faden, den es geben konnte. Nachdem sie gegangen waren, konnte man ihre weißen Kleider beim Schein ihres Laternchens bis nahe an das Nachtfräuleinsloch am Urschelberge leuchten sehen – als seien sie Wesen aus purem Licht.

~

In Reutlingen nannte man sie Bergfräulein, weil sie im Urschelberg wohnten. Wenn die Urschel und ihre Nachtfräulein dorthin zum Spinnen kamen, geschah es oft mitten auf dem Markt.

~

Allerdings sollen die Urschelbergerinnen nicht ganz ledigen Standes gelebt haben. Man hat von zahlreichen Sagen erzählt, bei denen Hebammen in den Berg geholt wurden. Diese wurden in der Regel mit Strohhalmen belohnt, die sich in Goldstangen und Goldstücke verwandelten – falls sie nicht verächtlich weggeworfen worden waren.

»Pfitzede pfitz!«
Die Nachtfräulein

Eine weitere Sage berichtet etwas ausführlicher von den Begleiterinnen der Frau Urschel.

Im Urschelberg wohnten außerdem kleine Fräulein, welche vor langer Zeit alle dort hinein verwunschen worden waren. An manchen Tagen kamen sie aus dem Berg heraus und gingen zu guten Menschen. Es waren drei Fräulein an der Zahl und man nannte sie auch die Nonnen.

Sie kamen häufig nach Pfullingen zu einem armen Mann, brachten ihre Spindeln mit und spannen fleißig, doch niemals länger als bis elf Uhr. Die Nachtfräulein sprachen dabei kein Wort, denn das war ihnen verboten, und für das Licht, das ihretwegen verbrannt wurde, zahlten sie stets eine kleine Gabe. Ähnlich wie Frau Urschel liehen sie den Menschen auch manchmal Getreide – und jammerten, wenn das Zurückerhaltene am Sonntag ganz ausgedroschen war.

Wer sie jemals – das Verbot missachtend – bei einer Unterhaltung gehört hatte, wusste, dass ihre Sprechweise kindisch war. Sie sprachen manchmal von ihrem Vater, den sie kindisch »Vi-Vater« nannten. Als eines Abends einem Fräulein von selbst der Faden brach, so klagte dieses:

»Pfitzede pfitz, der Faden is' 'broche.«

Darauf sprach die zweite:

»Pfitz'n wieder z'sämen, so is' er wieder ganz.«

Nun begann die dritte strafend:

»Hat nit der Vi-Vater g'sait, sollest nit schwätze'?«

Am nächsten Morgen stand vor dem Haus des armen Mannes ein Sack Frucht und obenauf lag ein Geldstück. Die Fräulein allerdings kamen niemals wieder.

»O weh, o weh!«

Erdweible im Heuchelberg

Zwischen Tübingen und Nürtingen lag die Gemarkung Walddorf. Zu unterschiedlichen Zeiten im Winter kamen dort zwei Fräulein in die Lichtkarz und sagten, sie kämen aus dem Heuchelberg im Unterland. Dann setzten die beiden sich an ein Spinnrad und spannen fleißig mit den anderen Mädchen. Jedes Mal aber sind sie mit dem letzten Glockenschlag um zehn Uhr wieder gegangen.

Die Erdweible backten Brot für die Menschen und halfen ihnen auch bei anderen Arbeiten. Manchmal kam nur eine, dann wieder alle zwei, und so ging es den ganzen Winter bis hin zum Frühling. Eines Abends saßen beide wieder bei den Mädchen in der Spinnstube, als vor der Tür eine unbekannte Stimme rief:

»O weh, o weh!
Der Heuchelberg brennt!«

Da schrie das eine Fräulein:

»O weh, o weh!
Meine armen Kind!«

Beide verschwanden wie der Wind und kamen niemals wieder.

Eine Ur-Ur-Enkelin der Aphrodite

Das Hardtfräulein

Auf dem Hardt nahe dem großen Heuberg geisterte ebenfalls ein Fräulein. Man nannte sie das Hardtfräulein oder das Hardtweible. Sie war ganz in Schwarz gekleidet, im Gegensatz zu den weißen Nachtfräulein und der grünen Urschel. Das Hardtweible trug außerdem einen runden, schwarzen Schlapphut. Sie hatte die Angewohnheit, die Leute zu necken, zu blenden und dann gehörig auszulachen. Das Hardtfräulein konnte auch sehr feindselig werden: Leute stürzten in Abgründe, oder Vieh wurde scheu, dass es Unglücke gab.

Eines Tages verblendete das Hardtfräulein einen Mann so dermaßen, dass er sich nicht mehr in seiner Heimat auskannte. Als er nach Hause kam, erkannte er sein eigenes Heim nicht mehr, griff nach kurzer Rast seinen Stock, den Hut und sagte zu seiner Frau:

»Nun behüte euch Gott, ich muss machen, dass ich heimkomme, sonst keift meine Frau wie dem Teufel seine Großmutter.«

Es ist schwer zu sagen, wie viele dieser Erdfräulein und Erdweible in Schwaben spukten, denn sie zeigten sich auf vielen Burgen und Bergen sowie an Seen, Weihern und Teichen.

Im Lautlinger Tal gab es vor langer Zeit den Gröblesberg. Dort lag ein Schatz und in der Nähe schwebte ein Fräulein, das war halb weiß und halb schwarz.

In einer Schlucht bei Friedingen spukte ebenfalls ein Weible, doch dieses war ganz schwarz. Man nannte die Schlucht den Weiblesteich.

Im Erlenbach bei Bieringen an der Jaxt geisterten drei weiße Fräulein, ebenso auf dem Stöffelesberg bei Gönningen.

Es sind ihrer zu viele, man kann sie nicht alle aufzählen. Die Urschel scheint, ähnlich der thüringischen Hörschelbergfrau (auch: Venusbergfrau), ein entfernter, mythischer Nachklang der antiken Göttin Aphrodite zu sein. In Korinth und Thespiai verehrte man sie als Melainis (auch: Mélaina, griechisch: die Schwarze). In den Schatten der Nacht gehüllt, soll sie sich mit dem ebenfalls als Gott verehrten Dionysos vereint haben.

»Das lederne Männdle schreit.«

Die ledernen Männdle

In der Gegend um Owen gab es viele Erdzwerge. Man nannte sie Erdwichtele und im Tiefenbacher Wald in Richtung Frickenhausen gab es die meisten. Nach einer Quelle soll es sie noch immer geben und auch von Frickenhausen wurde mancherlei erzählt.

Die kleinen Tiefenbacher wurden auch lederne Männdle genannt, wahrscheinlich wegen ihrer ledernen Hautfarbe und der zerknitterten Gesichter. Einige meinten allerdings, es müssten Schneider oder Handschuhmacher gewesen sein, denn Schiller habe sie in »Wallensteins Lager« als solche ausdrücklich erwähnt – und Schiller habe es als Schwabe doch wohl wissen müssen.

Die ledernen Männdle sollen auch für das Echo verantwortlich sein. Wenn man solches im Tiefenbacher Wald, in Ständekammern oder anderswo hörte, sagten die Leute:

»Das lederne Männdle schreit.«

Dieser allgemeine Volksglaube existierte und existiert an vielen Orten. Trotz aller Aufklärung seit der Renaissance und besonders seit der Moderne scheint es noch eine furchtbare Menge lederner Männdle zu geben.

»Behalt', was de hascht – es is' ja kei' Lascht.«

Verzettelte Kohlen

Am Fuß der Rauhen Alb, genauer gesagt bei Geislingen, gab es in den Bergen viele Erdwichtel (auch: Erdmännel, Erdmännele). Von denen hatten die Geislinger gelernt, die feinen und kunstvollen Elfenbeinarbeiten zu fertigen, die dort so billig wie in Berchtesgaden zu haben waren.

Eines Tages kam ein solches Erdmännele zu einer Geislinger Hebamme und bat sie, es zu seiner Frau zu begleiten. Die Hebamme wollte aber nicht ohne Begleitung ihres Mannes gehen, denn sie war vorsichtig und traute dem ledernen Männdle nicht so ganz. Dieses war mit der Bedingung einverstanden und schritt voran.

Der Weg führte in einen Berg mit schönen unterirdischen Gemächern. Die Geburt ging gesund und glücklich vonstatten – und es gab ein ledernes Männdle mehr auf der Welt; nun, zumindest in der Unterwelt. Zur Bezahlung gab das alte Erdmännle der Hebamme einen ganzen Haufen Kohlen, die sie in ihre Schürze fassen musste, weil sie sie sonst nicht hätte tragen können. Dabei aber dachte die Frau voller Ärger:

›Ei, dass du verschwarze mischtest
du wüeschtes Männdle du
wenn i weitersch nix habe soll.‹

Unterwegs, das Erdemännle schritt wieder mit der Lampe vorneweg, warf die Hebamme heimlich eine Kohle nach der anderen aus der Schürze. Das Erdmännchen bemerkte das wohl, drehte sich um und sprach ernst:

»Je mehr du verzettelescht
Je mehr du hernach bettelescht.«

Als das Männchen mit Dank von dem Ehepaar geschieden war, wollte die Hebamme gar ihre Kohlen alle wegschütten. Ihr Mann aber hielt sie davon ab und sagte:

»Behalt', was de hascht
Es is' ja kei' Lascht.«

Die Frau grummelte, doch behielt die Kohlen in ihrer Schürze. Als sie nach Hause kamen, waren alle Kohlen zu Goldstücken geworden. Nun bereute die Frau ihr voreiliges Wegwerfen, sie nahm selbst eine Laterne und rannte den ganzen Weg zurück. Sie suchte und suchte, gar zu gerne hätte sie die weggeworfenen Kohlen wiedergefunden. Doch damit war es vorbei. Auch die an die Erdwichtele gerichtete stille Bitte, ihr doch die verzettelten Kohlen zurückzubringen, blieb unerfüllt.

Der Preis für die Helferlein

Die Heiden

In Kettershausen nahe Babenhausen nannte man die Wichtelmännchen Heiden. Sie hausten in einem Berg, ahmten den heiligen Sebaldus von Nürnberg nach und nahmen Einkehr bei einem Wagner. Wenn sie diesem auch nicht mit Eiszapfen Feuer machten, wie es der Heilige getan hatte, so leisteten sie ihm doch allerlei Dienste.

Die dankbare Frau des Wagners legte den Hausgeisterlein jeden Abend ein kleines Brot neben die Tür und stellte ein Krüglein mit Wasser hinzu. Manchmal war es auch ein Krug Bier oder Milch und wenn es viel Arbeit zu tun gab, mehrte sich die Zahl der Brote und Krüglein stattlich.

Einmal aber kam eine Nachbarin zu Besuch und bewunderte, wie schön es bei den Wagnersleuten sei. Alles sei blank und sauber, aufgeräumt und ordentlich, man müsse hier doch wirklich sehr fleißig sein. Im nächsten Augenblick verplapperte sich die Hausfrau und ließ ein paar Worte über die unsichtbaren Helfer fallen. Von diesem Tag an kamen die Heiden nicht wieder und nun mussten der Wagner und seine Frau alles mit eigener Hand tun, was man früher gerne für sie getan hatte.

Ludwig Bechstein ergänzte hierzu: »Der Name Heiden – auch Haiden von andern geschrieben – weist deutlich auf einen verdrängten Volksstamm hin als Grundzug der so häufigst und besonders auch in Schwaben verbreiteten Wichtleinsagen. In Schwaben heißen die Wichtlein zumeist Erdmännele, Rotmänndele, Erdwichtele; es gab weiße und schwarze, und es gibt der Geschichten von ihnen sehr viele auf den Dörfern.«

»So du mich wirst ergründen, wirst meinen Grund du selber finden.«

Vom Hutzenbacher und anderen Seen

Ähnlich wie der kleine und der große Mummelsee ist auch der Hutzenbacher See weit und breit bekannt wegen der in ihm lebenden Seemännlein und Seeweiblein. Deren Töchter waren bekannt dafür, zum Kirchweihtanz nach Hutzenbach zu kommen. Die Seemännle in diesem See waren von hilfreicher Natur, ganz wie die Erdmännle. Eines der Seemännle diente insbesondere dem Frieders-Bauer.

Der meinte es ebenfalls gut mit dem Seemännle und ließ ihm ein neues Häs (auch: Häß) anfertigen, wie man seinerzeit in Schwaben zu einer kompletten Garnitur Kleidung aus Kittel, Weste und Hose sagte. Der Bauer hatte gesehen, dass des Seemännleins Kleidung ziemlich abgenutzt, zerfetzt und grasig war sowie einen dumpfen Moorgeruch an sich hatte. Das Männle nahm dankbar sein neues Häs entgegen, tauchte in den See und soll bis zum heutigen Tage regelmäßig wiederkommen.

~

Ebenso erging es einem Müller aus Schwarzenberg mit einem der Seemännle.

~

Ein Stück von Wildbad entfernt liegt der wilde See. Aus diesem entstiegen die Seefräulein, gingen nach Wildbad, wo sie spannen und dabei sangen. All das ist jedoch längst vorbei und die Zeit, in der Frau Bertha spann, wird nicht mehr wiederkehren.

~

Man erzählte sich von einem Mann namens Karl Herzog (vielleicht eher: Herzog Karl, zum Beispiel Herzog Karl II. August Christian), der versuchen ließ, den wilden See auf seine Tiefe messen zu lassen. Wie es jedoch ebenfalls beim großen Mummelsee geschehen sein soll, fand das Senkblei keinen Grund, ganz gleich, wie tief es auch fiel. Damit widerfuhr dem Herzog Ähnliches wie jenen Vermessern, welche die Tiefe des Arendsees (in der Altmark, Sachsen-Anhalt) ergründen wollten. Von unten zuckte es an der Schnur und als man das Senkblei endlich hochgezogen hatte, hing ein Zettel daran. Darauf stand geschrieben:

›Wer misset die Wasser mit der Faust
und fasset den Himmel mit der Spanne?
So du mich wirst ergründen
wirst meinen Grund du selber finden.‹

Karl Herzog erschrak, ließ sofort das Messen einstellen und den Kahn eiligst zum Strand zurückrudern.

~

Unweit von Schönmünzach liegt noch ein weiterer, sogenannter wilder See, der im Volksmund Nonnensee genannt wird. Man scheute sich, ihn zu befahren, denn in der Mitte sollte ein stiller Wirbel sein, der alle Fahrzeuge in die Tiefe zog. Auch konnte dieser See, wie ebenfalls einige andere, es partout nicht vertragen, dass man Steine in ihn hineinwarf.

Am Ufer des Sees stand einst ein Nonnenkloster. Nachdem dieses geschlossen wurde und langsam verfiel, geschahen dieselben Dinge wie mit dem Kloster bei Neuenkirchen im Odenwald und dem Mönchskloster zwischen Freren und Ibbenbüren, an deren Stelle das Heilige Meer trat. Noch lange Jahre konnte man am Nonnensee aus der Tiefe nicht nur die Klosterglocken läuten hören, sondern man konnte deutlich Gesang und Worte vernehmen.

Die Nachfahren eines Schönmünzacher Bauern sollen noch heute im Besitz des großen Schlüssels zur versunkenen Klosterkirche sein.

~

Ähnliches erzählte man sich von dem bodenlosen See zwischen Empfingen und Nordstetten. Dort zeigte sich vor Gewittern ein schwimmendes Seefräulein mit halbem Leib.

Andere sagen allerdings, dort habe nicht ein Kloster, sondern ein Wirtshaus gestanden. Dort sei es hergegangen wie beim Tanzteich in Niedersachswerfen, wo im Wirtshaus sonntags getanzt wurde – bis es eines Tages mit allen Gästen im Tanzteich verschwand.

Auch hier in Schwaben wurde und wird noch der Tanzplatz gezeigt, an dem unter einer alten Linde die Sonntagstänzer während der Kirche tanzten.

Vade retro!

Attila vor Augsburg

Der Hunnenkönig Attila, im Nibelungenlied Etzel genannt, durchzog mit seinem Heer das Gebiet um die Lech herum und wütete schlimmer, als es alle wilden Jäger und Wotansheere vermocht hätten. Schließlich näherte er sich der alten Römerkaiserstadt Augusta Vindelicum – die wir heute als Augsburg kennen.

Dort wollte er mit einem Trupp den Lech durchreiten und als er an das flache Ufer kam, sein Ross schon den ersten Huf gehoben hatte, um in das Wasser zu treten, rauschte das Wasser plötzlich gewaltig. Aus dem Boden des Wassers erhob sich ein Riesenweib, grauenhaft und furchtbar anzusehen. Das Ross sprang entsetzt zurück, König Attila wankte in seinem Sattel und die wassergraue Stromfrau sah ihn aus hohlen Augen mit einem starren Todesblick an. Dann streckte sie ihren gespenstischen Arm gegen den König und rief die gurgelnden Worte:

»Retro Attila! Retro Attila! Retro Attila!«

Dann sank sie nieder, in den Fluss und dessen geheime Welt zurück. Eben noch sah man ihren grauen Nixenschopf und im nächsten Augenblick schlossen sich über ihr rauschend die Gewässer, als sei der Lech ein tiefer Ozean. Den sonst furchtlosen König packten ungekannte Schauer, er starrte vor sich hin, um Fassung ringend, und sprach kein Wort. Schließlich wendete er sein Pferd und ritt nicht über den Lech.

Im Jahre 955 würden Attilas Nachfahren erneut besiegt werden, wenn auch von menschlicheren Gegnern, zumindest dem Namen nach. König Otto I. und Bischof Ulrich von Augsburg behielten in der Schlacht am Lechfeld die Oberhand.

Uodalricus – so sein lateinischer Name – war volle fünfzig Jahre Bischof von Augsburg und wurde nicht lange nach seinem Tod heilig gesprochen. Auch das Ulrichskreuz erinnert noch an ihn und seine Taten, die wie jede unserer Handlungen die Gegenwart formen, die Zukunft beeinflussen und die Vergangenheit als Zeuge sprechen lässt.

Saures in Süßen

Das Pelzweible

In der Nähe von Schlatt lag der Hof Rommenthal und nahe dabei befand sich eine alte Burg gleichen Namens. Dort ging ein Weibchen um, die man das Pelzweible nannte. Sie hütete eine Grube, Pelzweiblesloch genannt, denn darin lag ein Schatz, der bis zur Erlösung des Pelzweibles ruhen musste. Die Erlösung beruhte nicht auf so scheinbar unmöglichen Aufgaben wie jene der verschiedenen Jungfrauen, die sich in Schlangen oder Kröten verwandelten, welche man dann als Probe zu küssen hatte. Das Pelzweible verlangte etwas Anderes.

Eines Tages erschien sie einem Süßener Amtmann und flehte ihn um ihre Erlösung an. Dazu werde sie ihm drei Male in verwandelter Form erscheinen. Das Pelzweible sprach, er möge nur Mut haben und jede der drei Gestalten mit einer Rute berühren. Der Amtmann, der noch jung und ledig war, fühlte sich beherzt genug für diese Aufgabe. Bei seinen Amtsgeschäften, ob in der Amtsstube oder den Bauern gegenüber, hatte er sich bisher stets mutig gezeigt – was also konnte ihm hier groß geschehen?

Sogleich begannen die Proben:

Das Pelzweible verwandelte sich vor seinen Augen in eine Kröte und kassierte gleich einen Klaps mit der Rute. Daraufhin verwandelte sich die Kröte in eine große Schlange. Das fand der beherzte Amtmann schon weniger lustig, doch als die Schlange zischend auf ihn zuschoss, wehrte er sich seiner Haut und schlug ihr mit der Rute auf den Kopf. Sofort war die Schlange verschwunden.

Im nächsten Moment aber stand ein Pudel vor ihm. Der hatte feurige Augen, spie Feuer aus dem Rachen und war so groß wie ein Kalb. Der Kalbspudel riss seinen Rachen auf und schnellte vor, als ob er dem Amtmann die Nase abbeißen wollte. Kröte hin, Schlange her, ein feuerspeiendes Pudelkalb war dem Amtmann nun doch zuviel.

Sein Herz rutschte in die Kniekehle und die Rute aus seiner Hand. Schnell besann er sich und entfloh auf seinem Pferd, das er vorsorglich gesattelt bereitgehalten hatte. Der Pudel schoss hinter ihm her und schien außer sich vor Wut – doch der Amtmann entkam.

Seit diesem Erlösungsversuch hat er zeitlebens kein Weible mehr erlösen mögen, ob himmlisch, irdisch oder unterirdisch, sondern ist ledigen Standes verblieben.

Die Heirat war im judäo-christlichen Verständnis die Erlösung einer Jungfrau aus dem ledigen Stand in den Hafen der Ehe. Entscheiden Sie selbst, lieben lesenden Menschen, ob Ihre Mitbürger diesen Brauch und das dazugehörige Verständnis noch immer so halten – oder ob man dies heutzutage nur noch in Seifenopern wiederfindet.

Vielleicht sind Ehe oder Lebenspartnerschaft allerdings tatsächlich eine Erlösung, und zwar von den vielen Dingen, die alleine schwer zu bewältigen sind – wie zum Beispiel Kinder in die Welt zu setzen und eine Familie zu gründen.

Vielleicht ist es eine Erlösung, mit gleichen Rechten und gleicher Verantwortung gemeinsam den Schwierigkeiten des Lebens zu begegnen und diese zu meistern, so gut es unsere begrenzten Kräfte erlauben.

Vielleicht ist es eine Erlösung, die Freuden des Lebens mit einem vertrauten und liebgewonnenen Menschen zu teilen – ohne vorher eine Kröte zur Ritterin schlagen zu müssen, damit wir den Schatz unseres Lebens finden.

Sagen und Legenden von Kirchen und Klöstern

»Einmal ins Kloster bitte, ohne Rückfahrkarte.«
Frau Wendilgard

In Buchhorn (heute: Friedrichshafen) am Bodensee wohnte vor langer Zeit Graf Udalrich. Er war Herr des Linzgaus und ein Nachfahre von Karl dem Großen. Der Graf heiratete eine Enkelin Heinrichs des Finklers, die eine geborene Gräfin von Eberstein war. Dann kam die Zeit, in der die Hunnen das Land terrorisierten und es zwingend notwendig war, das eigene Land zu verteidigen. Also zog auch Graf Udalrich mit dem kaiserlichen Heer gegen die Hunnen zu Felde – und kam nicht wieder nach Hause.

Seine Frau Wendilgard wartete jeden Tag vergebens auf ihn. Als sie schließlich keine Hoffnung mehr hatte, wollte sie sich nicht erneut mit einem anderen Mann verbinden, sondern ging in ein Kloster. Wendilgard legte das Gelübde einsamen Lebens ab, diente Gott andächtig und verließ das Kloster nur einmal im gesamten Jahr. An diesem Tag – dem Jahrestag, an dem ihr Gemahl sich von ihr in den Kampf verabschiedet hatte – beging sie in Buchhorn das Jahrgedächtnis mit Buße, Beten und dem Lesen einer Messe. Danach verteilte sie Almosen an die Bedürftigen.

Wendilgard war stetig von hungernden und lungernden Armen umgeben – wie die heilige Elisabeth – und sie war es gewohnt, dass die sie Bedrängenden oft jegliche Zurückhaltung aufgaben. Die Not hat wenig Platz für gute Manieren. Eines Tages war wieder einmal ein alter Betbruder darunter, welcher gleich die Hand nahm, wenn man einen Finger reichte.

Doch Schwester Wendilgard hatte dem Alten gar keinen Finger gereicht und dennoch nahm er ihre ganze Hand und drückte sie herzlich, ohne jede Zurückhaltung. Gleich schlang der Mann auch den Arm um die fromme Frau und drückte sie fest an sich. Wendilgard mochte diese Art des Umarmens nicht leiden – denn das war einst nur ihrem Mann erlaubt gewesen und dieser war auf dem Schlachtfeld verblieben.

Der alte Mann ließ sich nun nicht mehr aufhalten, drückte und herzte Wendilgard – und küsste sie mitten auf den Mund. Es entstand ein großes Entsetzen ob dieser Tat und die umstehenden Leute wollten dem Alten nun ebenfalls die Zärtlichkeit einschenken, und zwar mit Fäusten und Knüppeln. Doch der alte Mann wich allem geschickt aus, lachte ihnen entgegen und rief:

»Schlagt mich nur nicht! Geschlagen worden bin ich genug, so viel offenbar, dass ich euch allen unkenntlich worden bin. Ich bin Udalrich, euer Herr!«

Die Freude war unbeschreiblich. Wendilgard konnte es kaum fassen, dass ihr geliebter Gemahl nach so langer Zeit wieder zurückgekehrt war. Sie bat den Bischof Salomo von Konstanz darum, sie vom Gelübde des einsamen Lebens loszusprechen. Dieser erwies sich als ein wahrer Nachfolger des biblischen Königs, weil er der Bitte gern entsprach. Danach segnete er den neuen Hochzeitsbund mit dem wieder heimgekehrten Gemahl und nach so langem Leiden kehrte die Freude in Wendilgards Leben zurück.

Krankheit und Heilung aus einer Hand

Kinderwallfahrt

Im Jahre 1448 überkam in Schwäbisch-Hall am Donnerstag nach Pfingsten die Knaben des Orts plötzlich ein unbändiger Wille, nach Sankt Michael in der Normandie zu wallfahren. Mehr als zweihundert Jungen gingen wider den Willen ihrer Eltern von dannen. Die Kinder waren, wie von einer unaufhaltsamen Sucht ergriffen, ganz schnell und plötzlich erregt worden und ließen sich nicht einmal von ihren eigenen Müttern aufhalten. Schlimmer noch: Einige, welche mit Gewalt zurückgehalten wurden, starben kurz danach.

Die Knaben ließen sich nicht aufhalten und deshalb gab der besorgte Stadtrat zum Geleit einen Schulmeister sowie einen mit Proviant beladenen Esel mit, damit ihnen nichts Böses zustoße. In dieser Gesellschaft schien die tausend Kilometer weite Reise und Betfahrt ohne größere Zwischenfälle und glücklich vonstattengegangen zu sein.

Kurze Zeit später wurde Schwäbisch-Hall von einer großen Pest heimgesucht. Manche spekulierten, dass es vielleicht Gottes Hand gewesen war, welche den Knaben zugewinkt hatte, der Pest zu entgehen. Schließlich war es sehr verwunderlich, dass diese Knaben so weit außer Landes zu wallfahren begehrten, da es doch sowohl im Schwabenland als auch im benachbarten Franken- und Bayernland viele berühmte Wallfahrtsorte gab.

Himmlische Diebstahlsicherung

Unsere Frau zu den Nesseln

Mitte des 15. Jahrhunderts gab es in Schwaben bereits zahlreiche Wallfahrtsorte und im selben Jahrhundert kamen noch viele neue hinzu. Im Jahre 1484 ging eine Bäuerin von Heilbronn nach Weinsberg, als sie unweit des Stadtgrabens einen Bildstock mit dem Bild »Unserer Frau« stehen sah. Dieser war ganz und gar mit Nesseln und anderem Unkraut überwuchert. Davon wurde die Bäuerin sehr bewegt und sagte:

»O du reine Jungfrau Maria! Komm', ich will dein schön' andächtig' Vesperbild mit mir heim in mein Dorf tragen, da soll es ehrlich gehalten werden.«

Gerade wollte sie das Marienbild vom Stock heben, da sprach das Bild:

»Frau, ich will in diesem Nesselbusch bleiben, denn an diesem Ort wird Gott Wunder tun.«

Diese Stimme erschreckte die Frau fast zu Tode und sie fiel in Ohnmacht. Ihr Mann hatte sich etwas verspätet und kam einige Zeit später nach ihr des Weges. Er fand sie bewusstlos auf dem Boden liegen, sprach ihr zu, richtete sie auf und sie kam wieder zu sich. Dann berichtete sie ihm alles.

Danach erzählten beide in der gesamten Umgegend, was der Frau widerfahren war und das eben noch vergessene Vesperbild erfreute sich eines großen Zulaufs. Zahlreiche Opfer wurden herbeigetragen, Geld, Kerzen, silberner und goldener Schmuck, Kleinode, Kleider und vieles mehr.

Gleich waren fromme Männer zur Hand, welche die Spenden in Empfang nahmen und ein schönes Kloster zur Ehre Gottes und »Unserer Frau« erbauten. Man übergab die

Stätte den Karmelitern und diese wiederum ließen das Wunder durch einen der ihren, einen Doktor und Professor der Theologie, in den Druck geben und verbreiten. Das Kloster und sein Wunderbild standen bis zum Jahre 1525 in hohem Ansehen – bis ein Bauernaufstand im nahen Weinsberg seinen Tribut forderte: Die Bauern, die gegen die unmenschlichen Bedingungen protestierten, welche ihnen die Herrschenden aufzwangen, nahmen das Kloster »Unsere Frau zu den Nesseln« ein, plünderten und zerstörten es.

Mit Kanonen auf Kinder schießen

Regiswindis

In Lauffen stand ein vormals berühmtes Kloster. Der Name der Stadt soll dem raschen Lauf des dort vorbeiströmenden Neckars entlehnt sein. Im Jahre 814 empfing der tapfere Ritter Ernst aus dem Nordgau den Grund und Boden als Geschenk von Kaiser Ludwig dem Frommen. Ernsts Frau Frideburg gebar ein Töchterlein, das man Regiswindis nannte.

Das Kind erhielt eine Amme, welche die Schwester eines Dienstmanns des Ritters Ernst war. Das Unglück wollte, dass dieser Knecht eines Tages wegen schlechter Arbeit von seinem Herrn sehr hart bestraft wurde. Als er nun seiner Schwester sein Leid klagte, wurde diese so vom Zorn ergriffen, dass sie beschloss, an dem unschuldigen Kind Rache zu nehmen.

Als die ritterliche Herrschaft einen Ausflug machte, drehte die Amme dem Kind das Hälschen um und warf es in den Neckar. Der Strom aber trug die kleine Regiswindis nicht von dannen, sondern setzte sie auf einem nahen Werder ab und so kam die Untat schnell an Tageslicht.

Ritter Ernst ließ die Amme in einen Turm am Neckar einmauern und darin verhungern. Der Papst sprach das ermordete Kind heilig. Der kleinsten aller Heiligen zu Ehren wurde eine Kirche erbaut, zu der so viele Wallfahrten geschahen, dass man sie Heiligreich oder Kirchreich nannte. Dort wurde der silberne Sarg von Regiswindis hinter dem Altar in einem schönen Ehrengrabmal aufgestellt und der Jahrestag der kleinen Heiligen am 15. Juli begangen.

Außerdem soll es seitdem in der Gegend Sitte gewesen sein, an diesem Tag das Gesinde zu wechseln – zur Erinnerung und Mahnung an die treulose Amme.

Küchenlatein

Die drei seltsamen Heiligen

Achatius, Ägidius, Barbara, Blasius, Christophorus, Cyriacus, Dionysius, Erasmus, Eustachius, Georg, Katharina, Margareta, Pantaleon, Vitus:

Das Aufzählen dieser Namen im Religionsunterricht, heruntergeleiert wie das Ave Maria im österlichen Kreuzweg, zu dem man als Messdiener genauso gerne ging wie zur Beichte, brachte dem Autor ein »sehr gut« vom Pfarrer höchstpersönlich ein. Es mündete außerdem in die ehrliche Bewunderung der Küsterin – und in ihre ermutigende Ermächtigung, sich den Resten des sonntäglichen Messweins anzunehmen.

Den genannten vierzehn Nothelfern hatte man einen dauerhaften Altar in der Wallfahrtskirche Enslingen (Untermünkheim) errichtet. Dort befanden sich noch zwei weitere Altäre, einer zur Ehre Sankt Guntheri Victoris, der andere dem heiligen Quirin geweiht.

Die Bauern zur damaligen Zeit konnten in der Regel weder lesen noch schreiben, folglich war auch die lateinische Sprache ein Buch mit sieben Siegeln. So waren diese Heiligennamen für sie schwer zu merken und zu benennen. Die Bauern nannten die Heiligen in dem ihnen eigenen Drang nach Einfachheit Sant Gunter, Victer und Quitter. Menschen noch gröberen Verstandes nannten sie die drei wunderlichen oder die drei seltsamen Heiligen.

Im Jahre 1497 fand eine Wallfahrt nach Enslingen statt. Die Wallfahrer fanden auf den Altären keine besondere Zierde, nur drei kleine weiße Alabasterbildchen. Auf dem Altar der vierzehn Nothelfer stand jedoch eine große Tafel mit deren Bild und die Pilger achteten nicht auf die ungeschmückten Altäre, sondern opferten den vierzehn Nothelfern. Also wurden die drei seltsamen Heiligen unter die Bank geschoben, bis man sie vollständig vergaß. Nur im bäuerlichen Sprichwort leben sie fort:

›Das ist ein wunderlicher oder ein seltsamer Heiliger.‹

Nach dem Bauernaufstand wurde die Enslinger Wallfahrtkirche geschlossen und niemand mehr eingelassen. So erging es auch der berühmten Wallfahrtkirche auf dem Wurmlinger Berge und anderen in der Umgebung.

Undank ist der Mönche Lohn

Meister Sürlin

Im Chor der Blaubeurer Klosterkirche befindet sich noch heute ein wundervolles Schnitzwerk des Ulmer Künstlermeisters Jörg Syrlin (auch: Georg Sürlin). Nachdem der kunstvolle Meister das herrliche Werk vollbracht hatte, fragten ihn die Mönche, ob er glaube, nochmals einen derart schönen Altar, oder gar noch einen schöneren, herstellen zu können. Der Meister, nicht nur seiner Fertigkeit gewiss, sondern auch in Hoffnung auf neue Arbeit, neuen Verdienst und eine neue Herausforderung, sagte, ja, das könne er wohl.

Voller Angst und Neid behandelten sie ihn wie die treulosen Straßburger ihren Meister Habrecht oder wie Zar Iwan der Schreckliche den Architekten der Basilius-Kathedrale Postnik Jakowlew:

Sie stachen dem Künstler die Augen aus. Um ganz sicher zu gehen, behielten die Blaubeurer Mönche Meister Syrlin im Kloster. Dort soll er heimlich in einem der Chorgestühle sein eigenes Bild hineingeschnitzt haben – ein trauervoll gebücktes Männlein – sodass das Bild den folgenden Zeiten und Generationen auf geheime Weise von der schändlichen Untat der Mönche künde. Es soll noch lange Zeit an der Wand bei der Sakristeitüre zu sehen gewesen sein.

Jörg Syrlin der Jüngere wurde um 1455 in Ulm geboren, wo er von 1483 bis 1516 Zunftmeister der Schreiner war. Er hat tatsächlich Arbeiten für das Kloster Blaubeuren gefertigt.

»Vergelt's Gott!«
Knöpflinsnächte

Eine Kurrende (von lat.: currere = laufen) war ein sogenannter Laufchor aus bedürftigen Schülern. Seit dem Mittelalter war es hauptsächlich in evangelischen Gemeinden bei Festen und Feiern Brauch, dass die Kurrende von Haus zu Haus durch den Ort zog, dabei in der Regel liturgische Lieder sang und um eine Spende bat.

Es soll ein alter Brauch in Schwaben gewesen sein, besonders in der Stuttgarter und Tübinger Gegend, mit Scherzen und Schabernack die sogenannten Knöpflinsnächte zu feiern. Dies sind die Nächte der drei letzten Adventssonntage vor dem Weihnachtsfest. Es wurde dabei offenbar vielorts zuviel Unfug getrieben, insbesondere wurde das Um-eine-Gabe-bitten übertrieben und artete in eine frühen Form von »Süßes, sonst gibt's Saures« aus. Deshalb wurden an manchen Orten, wie zum Beispiel in Schwäbisch-Hall bereits im Jahre 1685, die Knöpflinsnächte offiziell verboten. Man halte sich dieses vor Augen, wenn das nächste Mal jemand von einer angeblich »heutigen verdorbenen Jugend« spricht.

Gewöhnlich scharten sich die Knaben unter der Führung eines älteren Jungen zusammen und zogen singend von Haus zu Haus mit allerlei Liedchen, so zum Beispiel:

»Heint ist die heilig Knöpflinsnacht
Corrandi! Corrandi!
Wer mir Apfel und Birnen geit,
Dem dank' i, dem dank' i!«

Es war Tradition, dass jeder Ort andere Bittverse hatte. Der mittelalterliche Brauch des Gesangsumzugs von Schülern auf den Straßen war in vielen Städten Mitteldeutschlands üblich. Auch die schwarzen Mäntel, welche dabei getragen wurden, hatten noch den Zuschnitt aus Martin Luthers Zeit, da er selbst in Eisenach in der Kurrende gegangen sein soll – sicherlich nur als Führer, da sein Vater Hans Luder Grubenbesitzer und Ratsherr war.

~

Man warf in den Knöpflinsnächten außerdem mit Erbsen an die Fenster. Das hatte eine besondere Ursache:

Vor langer Zeit herrschte in Schwaben einmal eine besonders grausame Pestilenz. Viele Menschen starben, die Häuser waren zugesperrt und man wusste nicht, ob die Nachbarn, Freunde und Bekannten schon tot oder noch lebendig waren. Wenn man das unbedingt herausfinden musste, schlich man nachts auf die Straße und warf zur Nachfrage Erbsen an die Fenster.

Wer noch lebte, kam ans Fenster und bedankte sich mit einem »Vergelt's Gott!«.

Kam niemand an das Fenster, so wusste man, dass niemand mehr lebte. Dieser Brauch soll sich in mancher Gegend erhalten haben, wie zum Beispiel um Wurmlingen und Rothenburg am Neckar. Wenn dort Erbsen ans Fenster geworfen werden, antworten die Leute aus Tradition noch immer:

»Vergelt's Gott!«

»Deine Treu hat ihren Lohn dahin.«
Albertus Magnus zu Lauingen

Ludwig Bechsteins Version dieser Sage aus dem Jahre 1853 soll in unveränderter Gänze wiedergegeben werden. Wiederum wurden lediglich Abschnitte der besseren Lesbarkeit wegen eingefügt sowie direkte Rede mit moderner Zeichensetzung versehen.

Im Städtchen Lauingen ist der große Albertus geboren, der ein Bischof war und ein Zauberer, das letztere aber vor dem ersten. Er war ein Meister in allen geheimen Künsten und gebot über die Geister. Wandelnde Menschen brachte er durch Kunst hervor und redende Häupter. Mehr als eine schöne Mär geht von ihm in Liedern um, wie er zu Paris jene verbuhlte Königin gestraft und bekehrt, die ihre Liebhaber in den Turm von Nesle lockte und darin verderben ließ, damit keiner ihre Schande ansage, auch wie er die Minne der jungen Königstochter mit Listen gewann.

Albertus Magnus konnte den Winter in den Sommer umzaubern, wie er durch sein Gastmahl zu Köln bewies, das er dem König Wilhelm am heiligen Dreikönigstag im Jahr 1248 gab. Damals – vor sechshundert Jahren – es ist schon lange her, gab es noch Tausendkünstler; heutzutage gibt es keine mehr.

Einst hatte Albertus mit einem guten Gesellen Umgang, der schmeichelte ihm sehr und warb eifrig um des Magnus Freundschaft, und da ihm Albertus einen Dienst erwiesen, so verschwur er sich hoch und teuer, wann er zum Glück gelange, dem Meister das nie zu vergessen, schwur es bei dem Becher Wein, den er in der Hand hielt, denn sie tranken gerade miteinander – und da ereignete es sich gleich darauf, dass der dankerfüllte Freund zu großem Glück gelangte, das wuchs und wuchs ihm wunderbar zu Häupten, und wurde endlich gar ein König, und lebte als solcher schon drei Jahre herrlich und in Freuden, und scharrte sehr unköniglich viel Geld und Gut zusammen, und war geizig und karg über alle Maßen.

Albertus aber war indes in tiefe Armut gefallen und nahete als Bettler dem Könige, dem er einst wohlgetan, und erinnerte ihn an dieses Einst und flehte, seine Not zu mildern. Der König aber rief:

»Ei seht einen solchen frechen Lump und Strolch! Viel hätten wir zu tun, sollten wir uns jedes Vagabunden und Fechtbruders erinnern, da wollten wir viel lieber nimmer König sein!«

»So sei's gewesen«, sprach Albertus, und da fiel dem Träumer – denn alle Herrlichkeit war nur ein Wonne- und Weintraum gewesen – der Pokal aus der Hand und zerklirrte, und jener fuhr erschrocken auf und staunte, und Albertus sprach:

»Fahr hin, Geselle! Deinen Sinn mir zu offenbaren, war ein Traum von drei Minuten lang genug, die doch drei Jahre dir gedünket! Deine Treu hat ihren Lohn dahin.«

Hernachmals ist zu Lauingen auf einem Turme des berühmten Eingebornen Albertus Bildnis aufgestellt worden, und sein Andenken lebte dort nicht minder fort von Kind zu Kindeskind wie zu Köln und Regensburg und in seinen Schriften von den Tugenden der Tiere, Kräuter und Edelgesteine, von den Naturheimlichkeiten und der Frauen Rosengarten, denn er war ein weiser Meister über alle.

Ihr ergebener Autor wollte Ihnen alleine schon wegen des ersten Wortes im letzten Abschnitt das Original nicht vorenthalten: Hernachmals.

Auffällig ist außerdem der dicke, rote Faden in allen Sagenregionen:

Kirche und Klerus waren die Herren des Mittelalters. Während der Predigt, ob mit Wort oder Schwert, wurde nicht widersprochen. Doch sobald der Kurfürst im Schloss, sobald der Pastor in der Sakristei, sobald der Christenmensch beim Frühschoppen saß oder das Sonntagsmahl bereitete, aus dem Umfeld erklangen die Stimmen, die einen Johannes Trithemius oder einen Albertus Magnus zum eigenen Gegenpapst werden ließen – und aus dem zu Staub zerfallenen Hauch dieser weißen Rosen werden wir genährt.

Sankt Kümmernis

Die Kümmernisbilder

Aus Lauingen stammt außerdem die Sage der frommen Jungfrau Kümmernis. Auch diese wurde und wird vielfach in deutschen Landen erzählt. Künstler haben die Jungfrau in zahlreichen Werken zu bewahren versucht, deren Bilder in Wien, in Ettersdorf bei Erlangen, in Saalfeld und an vielen anderen Orten auffindbar waren. So auch in Schwäbisch-Gmünd, wo allerdings nach einigen Quellen die Jungfrau Maria selbst, nach anderen die heilige Cäcilia, die Schuhspenderin gewesen sein soll.

In Lauingen und Umgebung wurde geglaubt, wer ein Bild der Jungfrau Kümmernis bei sich trage und sich ihr verlobe, dem werde aus jeder Not geholfen. So habe sie dem armen Spielmann geholfen und noch lange Zeit wurde dort ihr gekreuzigtes Bildnis in Kirchen gefunden.

An der Straße von Dillingen nach Steinheim stand ein kleines Kapellchen. Es war dem heiligen Leonhard geweiht und es beherbergte viele der Kümmernisbilder, die als Gelübde dankbar geopfert worden waren. Als ein Augsburger Bischof das erfuhr, soll es ihn sehr verdrossen haben – denn es steht nichts von einer Jungfrau Kümmernis im römischen Heiligenkalender. Es war seine Ansicht, dass das deutsche Volk nichts Eigenes haben solle, und er befahl, alle Bilder abzureißen und zu verbrennen.

Als die Bauern in der Gegend davon hörten, liefen sie schnell nach Sankt Leonhard und nahmen ihre geliebten Votivbilder wieder von der Wand, um sie vor dem Feuer zu verschonen und ihnen einen würdigeren Platz zu gönnen. Später wurde die Kapelle gar zum Pulvermagazin umfunktioniert – und die Bauern sagten:

»Seht ihr wohl: Sankt Leonhard kann sein Haus nicht schützen. Sankt Kümmernis hätte das nicht gefallen.«

Wernher – beinhart

Der Abt zu Kalbsangst

Auf dem Marienberg bei Kempten stand ein Schloss mit dem seltsamen Namen Kalbsangst. Es soll schon gestanden haben, als Kaiserin Hildegard laut der Legende das Kloster Kempten gründete. Geschichtlich festere Quellen berichten, dass es von seinem ersten Abt Audogar (auch: Audegarius, Audegar oder Andegar) im Jahre 752 gegründet wurde. Er habe es der heiligen Jungfrau Maria sowie den heilig gesprochenen Märtyrern Gordianus und Epimachus gewidmet. Audogar soll bereits im Jahre 796 verstorben sein.

Während der Regierung deutscher Gegenkönige, wie Philipp von Schwaben und Otto IV., und den Wirren der frühmittelalterlichen Zeit soll es mit Zucht und Ordnung im Kloster Kempten nicht sehr weit her gewesen zu sein. Der damalige Abt Wernher soll gar nicht im Kloster gewohnt, sondern auf Schloss Kalbsangst residiert haben, wo er ein vergnügliches Leben geführt habe. Außerdem munkelte man, dass er mit dem Teufel und seinen Mitstreitern mehr als mit Gott und dessen Heiligen verkehrt habe, obwohl er sich öfters vom Schloss herunter in das Stift bequemt haben soll, um dort die heilige Messe zu lesen.

Eines Morgens sollte der Abt wieder ins Kloster zur Messe reiten, doch weder tat sich seine Tür auf noch antwortete er auf das Rufen der Bediensteten. Als man endlich das Schloss mit Gewalt geöffnet hatte, bot sich den Eindringenden ein grauenhaftes Bild:

Abt Wernher war tot. Doch er lag nicht in seinem Bett, sondern mitten in seinem Gemach – und während man seinen Rücken erblickte, sah man auch zugleich das, was einmal sein Gesicht gewesen und nun zu einer unmenschlichen Fratze verzogen war, mit aufgerissenen Augen und weit aus dem Mund hängender Zunge.

Gleich in der ersten Nacht, man hatte den Leichnam auf einem Paradebett ausgestellt, schwebten mit einem Mal unzählige schwarze Vögel durch die Fenster herein. Sie flatterten und rauschten mit ihren Flügeln, hatten blitzende Augen, feurige Schnäbel und rotglühende Krallen. Es wurden mehr und immer mehr, sodass die Leichenwächter entsetzt flohen und mit lautem Geschrei die Schlossbewohner zusammentrommelten.

Als die Mutigsten das Zimmer erreicht hatten, sah man gerade noch, wie die Vögel des Abtes Leichnam erhoben und ihn durch die rabenschwarze Nacht hinwegtrugen. Noch lange sah man den Tross in der Ferne ziehen, wie einen Feuerstreifen, doch es ging nicht gen Himmel empor, sondern tiefer und immer tiefer, in Richtung des Sees zwischen Martinszell und Niedersandhofen.

Seitdem war es auf Schloss Kalbsangst nicht mehr geheuer, es wurde nach und nach von seinen Bewohnern verlassen und verfiel in immer kleinere Trümmer. Auch in und um den See soll es derart greulich gespukt haben, sodass auch das Jagdschlösschen der Kemptener Äbte, auf einer Landzunge in den See hineingebaut, verlassen wurde und zur Ruine verkam.

Sagen und Legenden vom Teufel und von Jungfrauen

Eine Nase tankt Super
Des Teufels Nase

In Hall am Kocher (heute: Schwäbisch Hall) stand ein altes Salzwerk, wie schon der damalige Ortsname kundgab. In der Nähe soll es, um den Salzbrunnen herum, seit jeher merkliche Poltergeister gegeben haben – und um sie zu vertreiben, zog man viele Jahre lang stets am Dienstag nach Vocem jucunditatis (lat.: Rogate, Bittsonntag) in einer Prozession mit Heiligtümern um den Brunnen herum.

Eines Nachts erschien der Teufel einem der Salzsieder und streckte seine außerordentlich große Nase durch einen Spalt in das Haus und tönte dabei:

»Wie gefällt dir die Nas'? Kann das auch ein' Nas' sein?«

Der Siedeknecht nahm blitzschnell einen Kübel siedender Sole, schüttete diesen dem Teufel auf die Nase und rief:

»Kann das auch ein Spaß sein?«

Zornig brach der Teufel durch die Bretterwand, packte den Sieder und schleuderte ihn über den Kocher durch die Luft auf den Gänsberg, dass dem Sieder alle Rippen krachten. Zum Schaden spottete der Teufel:

»Kann das auch ein Wurf sein?«

~

Andere sagen, der Teufel habe den Siedeknecht in den Steinbruch jenseits dem Kocher beim Haimbacher Törlein geworfen. Dort hatte der Galgen gestanden, bis er abgebaut wurde, weil die daran baumelnden Kadaver bei Sonnenschein ihre Schatten in einige Häuser der Stadt warfen – nicht wirklich appetitlich, wenn man gerade beim Essen saß.

Ora et labora

Grab der Jungfrau

Unterhalb der Burg Hornberg, die einst dem Ritter Götz von Berlichingen gehörte und danach Eigentum der Freiherren von Gemmingen-Guttenberg wurde, gibt es eine Felsengrotte. Sie war vor langen Zeiten die Zuflucht einer Jungfrau, die von ihrer Stiefmutter gequält worden war.

Sieben Jahre lang wohnte und lebte die Maid in dieser Grotte. Eine Hirschkuh war ihre Ernährerin, gleich jener der frommen Genoveva (auch: Genofefa, Genofeva). Als die Jungfrau gestorben war, trug die treue Hirschkuh sie zur Michaelskapelle in der Nähe von Wolkenhausen. Dort erhielt die junge Frau ein ordentliches Begräbnis und der Ort wurde zur Wallfahrtsstätte.

~

Andere Quellen erzählen diese Sage folgendermaßen: Ein Heidenjüngling liebte vor langer Zeit eine Christenjungfrau. Als es ihr nicht gelang, ihn für den Christenglauben zu gewinnen, flüchtete sie in die Einöde und beschloss, in dieser Grotte ihr Leben in gottseliger Einsamkeit zu verbringen. Eine Hirschkuh (früher auch: Hindin) ernährte sie und ein Hirsch diente ihr als Reittier. Sie hinterließ die Geschichte ihres Lebens in den Rinden der Bäume und als sie das Zeitliche segnete, bereitete der Hirsch ihr ein Grab.

Einige Zeit später verfolgte der Heidenjüngling das edle Wild und der Hirsch floh zum Grab der Jungfrau. Als der Jüngling an den Bäumen vom Los seiner Geliebten las, kehrte er sich vom Heidentum ab, ließ sich taufen, erbaute eine Einsiedlerzelle am Grab der Jungfrau und diente dem Herrn mit Gebet und frommen Werken.

Als er alt und schwach geworden war, trat eines Abends ein Pilger zu ihm und bat um Aufnahme, welche der fromme Mann gern gewährte. Er wollte gerade sein Gebet fortsetzen, als der Pilger sich in die Gestalt des heiligen Erzengels Michael verwandelte und zu ihm sprach:

»Du hast Satan überwunden gleich mir. Gehe ein zum Reich der Herrlichkeit und des Friedens!«

Danach küsste der Engel dem Alten das Leben von den Lippen und an dieser Stelle wurde die Michaelskirche begründet.

Unbeugsame Heldinnen

Notburga

Die heilige Notburga, der in Hochhausen eine Kapelle errichtet wurde, war die Tochter des Frankenkönigs Dagobert. Der verteidigte sein Reich gegen die Wenden und hatte sein Lager auf dem Hornberg aufgeschlagen – nach anderen Quellen war es bei Mosbach. Eines Tages kam der Heidenführer Samo zu König Dagobert, warb um die Hand der Christenjungfrau und gelobte: Wenn er sie erhielte, würde er sein Volk in Frieden zurückführen.

Der König willigte in das Begehren ein, doch Notburga weigerte sich hartnäckig, die Frau des heidnischen Führers zu werden. Als man sie auf das heftigste bedrohte, entschloss sie sich zur Flucht und versteckte sich in einer Höhle am jenseitigen Ufer des Neckars. Eine Hirschkuh folgte ihr und ernährte sie, doch eines Tages war der Koch ihres Vaters der Hindin gefolgt, fand Notburgas Zufluchtsort und berichtete dem König davon. Dieser kam nun selbst an Ortes Stelle, wollte seine Tochter mit Gewalt in sein Lager zurückbringen, packte sie am Arm und wollte sie aus der Grotte ziehen.

Er zog und zerrte – und mit einem Mal blieb Notburgas Arm in seiner Hand. Völlig entsetzt floh König Dagobert aus der Höhle. Notburga erhielt Hilfe von einer Schlange, die in ihrem Mund ein Heilkraut trug. Bald war Notburgas Wunde verheilt und König Dagobert zog von dannen. Von nun an kam das Volk in Scharen zur heiligen Einsiedlerin und sie lehrte die Leute den Acker- und Weinbau und verkündete den Frieden des Herrn.

Als Notburga starb, wurde sie von der ganzen Gegend als Heilige verehrt. Vor ihrem Tod hatte sie angeordnet, dass ihr Leichnam auf einem mit Stieren bespannten Wagen ins Feld geführt werden möge, wie es auch bei Sankt Sebaldus getan und der heiligen Stilla geschehen war. An der Stelle, an der die Ochsen mit dem Leichenwagen stillständen, solle man sie begraben. Ihr Wille geschah und an die Stätte wurde die Hochhausener Kirche erbaut.

Notburgas Steinbild fand einen Ehrenplatz in der Grotte: In der rechten Hand befindet sich die Schlange mit dem Heilkraut, der linke Arm fehlt und ihr Haupt schmückt eine Krone.

Den Jungfrauen aus dieser Gegend wohnte offenbar eine besondere Neigung für Felsengrotten inne. So berichtet die Sage von Minna, einer Tochter des Grafen von Hornberg. Sie hatte sich heimlich einem Ritter namens Edelmut zugesagt und war ihrem Elternhaus entflohen, um einer arrangierten Verbindung mit einem anderen Ritter, den sie nicht lieben konnte, auszuweichen.

Minna fuhr bei Nacht mit einer treuen Dienerin in einem Nachen über den Neckar und verbarg sich in der Felsengrotte. Doch nach sieben langen Jahren hatte sich die arme Minna in sehnsuchtsvollem Warten verzehrt. Ihr Edelmut kämpfte im Heiligen Lande gegen die Sarazenen und als er endlich heimkehrte, seine Geliebte zu suchen, fand er nur die trauernde Dienerin noch am Leben. Der Ritter erbaute eine Burg, die er Minneburg nannte.

~

Die heilige Notburga ist außerdem Heldin einer Sage in Tirol.

Im unteren Inntal, auf Schloss Rottenburg, soll sie als fromme Magd gedient haben. Als sie starb, trugen Engel die Seele in den Himmel. Auch dort zogen Ochsen Notburgas Leiche und als es an das Überqueren des Inns gehen sollte, murmelten des Flusses sonst laut tobende Wellen nur ganz leise. Notburga soll dort noch heute in der Kapelle des heiligen Ruprechts ruhen.

Jeder Schuss ein Tor

Die Farrensamenholer

Viele Schwaben hielten Farn- oder Farrenkrautsamen für magische Pflanzen. Es gab allerdings einen Haken: Die Gewinnung galt nicht nur als sehr gefährlich, sondern auch sehr schwierig – wie zum Beispiel das Schneiden von Ruten für die Wünschelrutengänger. Ein falscher Schritt, ein falscher Schnitt und schon war alle Mühe umsonst. Wenn man also auf Nummer sicher gehen wollte, hatte man die Hilfe des Teufels nötig. Herr Urians Regeln waren allgemein bekannt:

Man durfte nicht beten und in keine Kirche gehen, durfte sich keinem Weihkessel nähern, musste auf Kreuzwege treten, die Erscheinungen Verstorbener fest entschlossen anschauen und ihnen nicht widersprechen.

Man durfte über Teufelsfratzen nicht lachen, sollten sie auch noch so lächerlich sein, wie die Hexe, die zu spät zum Wodesheer kam und dafür nackt auf den Kopf gestellt wurde und nun mit auf sie gesteckten Lichtern leuchten musste – das waren die schweren Proben, die bei der Farrensamengewinnung bestanden werden mussten. Hatte man diese Proben hinter sich gebracht, so erschien der Teufel höchstpersönlich und brachte ein kleines Beutelchen voller Farnsamen mit, ungefähr zwei Kinderhände voll. Diese sollte der Farrensamenholer dann stets bei sich tragen.

Wer auch immer die Probe bestanden hatte, dem schlug nichts mehr fehl:

Jede Kugel des Jägers traf – und außerdem schoss sein Gewehr sogar um die Ecke.

Des Handwerkers Arbeit ging voran, als habe er zwanzig Gehilfen.

Der Bäcker formte zwei Dutzend Brote aus einer halben Tasse Mehl.

Ein Holzhauer in Rothenburg am Neckar hatte ebenfalls die Proben bestanden und schlug seitdem jeden Tag fünfhundert Festmeter Holz – entastet, getrocknet, auf den Zoll genau geschichtet.

Vor vielen hundert Jahren lebte in Schwaben ein Leinenwebergeselle, der ebenfalls die Farnsamen gewonnen hatte. Die Woche über lebte er in Saus und Braus, am Sonntag aber arbeitete er, weil das Sabbatschänden auch zu den Bedingungen gehörte. Er webte unzählige Stücke Kleider – bis die Teufelsweberei an den Tag kam und es für ihn ein schlimmes Ende nahm.

Jeder Farrensamenholer konnte den Samen nur für sein eigenes Gewerbe oder Handwerk verwenden und dabei würde ihm nach bestandenen Proben alles gelingen. Wenn aber die Bauern eines Tages Jäger werden wollten, wenn die Dorfschulmeister von einem Leben als Staatsrat träumten und die Rechtsanwälte nach dem Regierungsstuhl schielten – das war vergeblich, das glückte nicht, auch wenn sie noch so viel roten Farnsamen vom Teufel erlangt hatten.

Des Teufels Sägen

Teufelsmühle und Teufelswehre

Auch in Schwaben gab es reichlich Sagen von Teufelsmühlen – wie im deutschen Norden, in Österreich und fast überall. Eine dieser Mühlen stand im Murgtal, nicht weit von Gernsbach. Es war eine Sägemühle, aber dem Müller zerrissen Wucht und Flut des Flusses leider sehr oft das Wehr. Er wünschte sich deshalb ein dauerhaftes Bauwerk – und der Schwarze höchstpersönlich solle es bauen, wie er es auch im Schwarzatal bei Bad Blankenburg im Thüringer Wald getan hatte. Schon kam der Teufel herbei, bereitwillig wie immer, gegen Seelenverpfändung zu tun, was ihm möglich war. Schnell wurde man sich einig, dass Herr Urian das Wehr über die Murg bauen würde, wenn der Müller ihm erlaube, jede Nacht auf seiner Sägemühle eine Seele zu zersägen. Der Müller dachte:

›Säge du doch meinetwegen Seelen oder Kieselsteine, was kümmert mich das? Wenn ich nur ein Wehr habe, das meiner Mühle und ihren zwei Gängen genug Wasser zuführt, so soll mir alles recht sein.‹

Die Seelensägemühle war schon fast fertig, denn sie musste laut der Absprache vor dem ersten Hahnenschrei komplett stehen. Aber des Müllers Frau hatte den Pakt belauscht, kroch noch vor der Dämmerung über das Mühlhaus auf einen Steinfels und krähte wie ein Hahn. Gleich antworteten alle Gockel des Dorfes und der Teufel riss voller Wut das fast schon fertig gebaute Wehr zur Hälfte ein.

Oberhalb von Loffenau stand ebenfalls eine Teufelsmühle und in der Nähe befanden sich das Teufelsbett und das Teufelshaus. Letzteres war ein so genannter Felsen, an welchen sich der Teufel einmal gelehnt hatte, als er von einem glühenden Zorn erfasst war. Dadurch habe sich seine Gestalt darin eingedrückt, ähnlich wie am Loreleyfelsen. Es ist ein stattlicher Abdruck, wohl zweieinhalb Meter hoch. Des Teufels Waden sind groß wie zwei Fässer und seine Lenden wie Badewannen. Der Kopf ist gar so groß wie ein württembergisches Simri, was satten 44 Litern oder fast zwei Sack Zement entspricht.

In der Nähe befindet sich auch des Teufels Waschbecken. Dort pflegte Herr Satan seine Hände in Unschuld zu waschen, wenn die Menschen ihm ihre eigenen Sünden und Laster aufgebürdet und in die Schuhe geschoben hatten.

Der Mondscheintarif

Arbeit im Mondschein

Der Mond ist keine Lichtquelle. Wie ein »verrückter Diamant« kann er nicht scheinen, sondern reflektiert lediglich das Licht der Sonne. Mondlicht ist also Kryptonit für Vampire, denn es ist nichts weiter als Sonnenlicht – von der Natur einmal über Bande gespielt.

Im Schwabenland war es Tradition, dass man nicht bei Mondschein arbeiten solle. Solche Arbeit sei nicht fromm und gehöre nicht dem Herrgott, wie die Tagesarbeit bei Licht, sondern gehöre dem Teufel. Hätte der liebe Gott haben wollen, dass man im Mondschein arbeite, so hätte er dem Mond mehr Lichtstärke verliehen – so meinte man. Man erzählte sich, dass im Mondschein arbeitende Leute Besuch von einem Unbekannten erhielten. Der biete ihnen Arbeit an, die dann für alle Zeiten etwas Geheimes an sich habe.

Eine Frau saß eines Nachts im Mondschein beim Spinnen. Nach einer Weile erschien ein Fremder mit einem ganzen Arm voller Spindeln. Diese müsse sie alle noch in derselben Nacht voll spinnen – und falls nicht, so drehe er ihr bei seiner Wiederkehr den Hals um. Die Frau dachte kurz nach und ging gleich an die Arbeit. Sie bespann alle Spindeln wie befohlen, jede jedoch nur einmal herum, sodass also gerade das Holz bedeckt war. Der Schwarze konnte ihr allerdings bei seiner Wiederkunft nichts anhaben, da sie dem Worte nach seine Probe bestanden hatte. Zur Belohnung hinterließ er die ganze Stube voller Gestank, dass man sechs Monate lang daran zu schmecken hatte.

~

In Schwaben erzählte man außerdem, der Mann im Mond sei niemand anders als ein schwäbischer Weingärtner, der zeitlebens noch bei Mondschein Rebenbüschle bearbeitet hatte. Als Lohn müsse er nun jahraus, jahrein durch das Land schweben und im Mond sein größtes Rebenbüschle am Stöckle auf dem Rücken tragen.

~

Man nannte den Mann im Mond auch das Besenmännle, weil er am Sonntag Besenreis geschnitten hatte und dafür zur Strafe vom lieben Gott persönlich hinauf in den Mond verwünscht worden war.

Sagen und Legenden von Bergen, Burgen und Schlössern

Wer was wird, wird Wirt

Wirt am Berg

Eine Sage erzählt vom Ursprung des hohen königlichen Hauses Württemberg, denn wie der alte Barbarossa nahe dem Kyffhäuser seine Rothenburg hatte, so befand sich auch im Land Schwaben ein Rothenberg. In dessen Nähe hielt der Kaiser Hof mit seiner Prinzessin und seinen Wappnern. Da geschah es, dass die Prinzessin einen Dienstmann liebgewann und beide hielten sich verborgen, bis der Kaiser hinweggezogen war. Dann bauten sie sich am Berg ein Häuschen, in dem sie lebten und wirtschafteten – und der Kaiser hatte nicht herausgefunden, was mit seinem Kind geschehen war.

Nach Jahr und Tag zog der Kaiser wieder in dieselbe Gegend und kehrte ein bei dem Wirt am Berg. Der Tochter bebte das Herz, aus Furcht erkannt zu werden und aus Zuneigung zum ehrwürdigen Vater, doch sie hielt sich unerkannt. Dann aber bereitete sie des Kaisers Lieblingsspeise zu, die er so lange hatte entbehren müssen und die niemand sonst so zuzubereiten wusste wie sie. Dem Rotbart wurde es ganz weh ums Herz, als er in neuem Schmerz der entschwundenen Tochter gedenken musste. In seinem Leid glaubte er, sie müsse doch hier sein, denn nur sie könne sein Essen so zubereitet haben. Voller Seelenpein rief er aus:

»Ach, wo ist denn meine liebe Tochter?«

Weder der Wirt noch die Tochter brachten es übers Herz, sich weiter vor dem Kaiser zu verstecken. Sie fielen ihm zu Füßen, erzählten ihm, was geschehen war und baten ihn um Verzeihung. Der Kaiser war froh, dass er seine Tochter lebendig und wohlauf wiedergefunden hatte – und verzieh den beiden. Seinem neu gefundenen Schwiegersohn schenkte er den ganzen Rothenberg und erhob ihn zu einem hohen

Grafen, der den Namen »Wirt am Berg« fortführen sollte. Der »Wirt am Berg« erbaute oben auf dem Berg eine stattliche Festung und wurde der Urheber des württembergischen Stammes.

Am Barsche necken

Götzens Turm

Heilbronn und seine Umgegend können tatsächlich auf eine sehr, sehr lange Besiedlungszeit zurückblicken. Im Jahre 1907 wurde der »Unterkiefer von Mauer« entdeckt und als Überrest des Homo heidelbergensis identifiziert. Dieser Überrest eines unserer Vorfahren ist mit rund 600.000 Jahren wahrhaftig – ein alter Knochen.

Die Stadt Heilbronn verdankt ihren Namen den heilsamen Wasserquellen, die schon sehr früh dort entdeckt wurden. Heilbronn wird in einer Urkunde aus dem Jahre 822 zum ersten Mal als »Heilbrunna« erwähnt. Andere Schriften berichten, dass Kaiser Karl der Große selbst die Quellen entdeckt habe. In »villa Heilbrunna« soll eine Basilika gestanden haben, die dem heiligen Michael gewidmet war. Noch viele Jahre später habe man am Kirchturm von Sankt Kilian wunderliche und phantastisch anmutende Bilder in Stein gehauen sehen können: Menschen, die im Schatten ihres eigenen Fußes ruhen, Menschen mit Augen auf der Brust oder ohne Kopf und andere abenteuerliche Gebilde.

~

In Heilbronn soll an einer Mauer nahe dem Zwinger ein viereckiger Turm gestanden haben. Man nannte ihn Götzens Turm, weil der Ritter Götz von Berlichingen lange Zeit dort gefangengehalten wurde. Ihm wurde vorgeworfen, treulich zu seinem Herrn, dem Herzog Ulrich von Württemberg, gehalten zu haben. Götz hatte fliehen müssen, wurde aber vom Schwäbischen Bund bei Möckmühl gefangengenommen und nach Heilbronn gebracht.

Hier sollte Götz dem Bund Urfehde schwören und geloben, gegen ihn keine Waffen zu tragen, erlittenen Schaden nicht zu rächen, das Land zu meiden und sich jederzeit dem Bund nach Vorladung im Verhör zu stellen. Der Dichterfürst legte dem Götz von Berlichingen an anderer Stelle die berühmten Worte auf die Lippen. Hier lehnte Ritter Götz das Begehren ebenfalls ab und sagte, er wolle eher ein Jahr im Turme liegen.

Die Weinschröter sollten Götz abführen, doch Götz zog vom Leder. Man bat ihn, die Klinge wieder einzustecken, man wolle nichts weiter als ihn zum Rathaus führen. Von dort aber wurde er doch in den Turm geführt und Götz musste vom Pfingstabend bis zum Pfingstmontagmorgen darin liegen.

Danach kamen ihm seine Verbündeten Franz von Sickingen und Georg von Frundsberg zu Hilfe. Sie erwirkten eine ordentliche Haft, bis er sich durch Zahlung von zweitausend Goldgulden auslösen konnte.

Doch die Sage berichtet weiter, dass Götz sich nur kurze Zeit später an Graf Philipp II. zu Waldeck schadlos halten konnte und eine Beute davontrug, gegen die das Lösegeld wie Kleingeld war.

In guten wie in schlechten Zeiten

Die Weibertreue

Über dem Städtchen Weinsberg liegt die Burgruine Weibertreu. Im Jahre 1140 belagerte König Konrad III. von Hohenstaufen die Stadt Winesberg am Neckar, die dem Herzog Welf von Bayern unterstand. Der König behielt die Oberhand, nahm die Burg ein, gewährte jedoch auf inständiges Bitten den Frauen freien Abzug. Außerdem dürfe jede von ihrem Besitz mit sich nehmen, so viel sie tragen könne. Die Männer aber waren zum Tode verurteilt worden. Die Frauen allerdings dachten weniger mit dem Geldbeutel, sondern mehr mit dem Herzen:

Jede Frau trug ihren Mann auf den Rücken, die Herzogin Jutta mit ihrem Gemahl Welf voran. Sie schritt langsam den Berg hinab und die anderen folgten ihr in einer langen Reihe.

Als der König dies sah, gefiel es ihm über die Maßen gut und er begnadigte auch die Männer. Sein Bruder Herzog Friedrich erhob jedoch Einspruch dagegen, weil er solche Gnade nicht guthieß - doch der König antwortete:

»Regium verbum non decere immutari.«
Am Königswort geziemt es sich nicht zu rütteln.

Der Florentiner Fürst Lorenz von Medici lag mit schwerer Krankheit im Bett. Als er auf seinem Lager von diesem Ereignis las, lachte er sich gesund, so gut gefiel ihm dieser treue deutsche Ernst, den er nicht als Scherz nehmen mochte.

Das wiederum taten später viele Deutsche selbst und wollten die wundervolle Frauentat aus der Geschichte hinausleugnen oder ins Abseits spötteln.

›Nimmermehr!‹

Der Rabe auf Stolzeneck

Ein Ritter der Burg Stolzeneck war ins Heilige Land zum Kampf gegen die Ungläubigen gezogen. Er ließ unter dem Schutz einiger treuer Diener seine einzige Schwester allein auf seiner Burg zurück. Sie war eine blühende Jungfrau und lebte ruhig und friedsam ihre Tage. Nach mehr als einem Jahr erschien ein nachbarlicher Ritter auf Stolzeneck als Gast. Der Ritter verliebte sich heftig in das junge Fräulein und warb um ihre Hand. Sie aber konnte ihn nicht lieben und wies ihn ab.

Die junge Frau hatte einen besonderen Liebling und Zeitvertreib: Es war ein zahmer Rabe, den sie aufgezogen hatte. Er rief ihren Namen und war immer um sie herum. Es dauerte nicht lange, bis der aufdringliche Freier wiederkam und aufs Neue sein Begehr für das junge Fräulein vortrug. Doch wieder wies sie seine Werbung zurück, mit noch mehr Strenge als zuvor. Das machte ihn sehr zornig und er schwor ihr die grimmigste Rache.

Nur kurze Zeit später stürmte er die Burg, die bei Weitem nicht genug bemannt war, um einem Angriff zu widerstehen. Er ließ nicht nur alle Diener des Fräuleins ermorden, sondern bis auf das Fräulein alles, was in der Burg lebte. Der Rabe war schnell aus dem Fenster entflogen, als der Wüterich sein Schwert nach ihm geschwungen hatte.

Der Ritter ließ das unglückliche Fräulein in den Turm werfen. Er schwor, dass sie dort verhungern und verdursten würde, wenn sie ihn nicht erhöre. Jeden Tag trat er vor das Gitter ihres Kerkers und fragte, ob sie ihn nun erhören wolle. Doch obwohl er ihr weder Wasser noch Brot reichen ließ, war sie kräftig genug, ihm ein entschiedenes »Nein« hinaufzurufen. Das machte die Hilfe des treuen Raben: Er brachte ihr während der Nacht Beeren, Früchte und kleine Brote, die er und seine Brüder den Bäckern in der Nachbarschaft im wohlwollenden Schnabelraub entführten.

Das währte eine lange Zeit, bis endlich ihr Bruder von seinem Kreuzzug heimkehrte. Mit Schrecken fand er seine Burg offen, unbewacht, verödet. Die Diener waren fort, die Schwester nicht zu finden, aber Schwärme von Raben saßen auf den Bäumen und den verfallenden Dächern. Als er über den Burghof wandelte und nach seiner Schwester rief, hörte er plötzlich einen Klageton aus der Tiefe an sein Ohr dringen. Schnell eilte er ans Gitter und hörte das entsetzliche Geschehen aus seiner gefangenen Schwester Munde.

Doch der grausame Freier hatte alles mitangesehen. Voller Wut sah er seine Schandtat entdeckt, stürmte heran und wollte den Fremden mit seinem Schwert durchbohren. Doch des Fräuleins Rabe schrie laut auf, flog dem Angreifer entgegen und hackte ihm nach den Augen. Nun schrien auch die anderen Raben und flogen herbei wie eine schwarze Wolke. Sie schlugen mit den Flügeln, krallten sich in seine Haut und hackten ihm die Augen aus dem Kopf, sodass er zu Boden stürzte. Der Ritter von Stolzeneck stieß ihm sein Schwert durch das Herz und befreite seine Schwester.

Danach fraßen die Raben den Getöteten und was von seinem Gebein übrig blieb, wurde in ungeweihter Erde verscharrt. Das Bild des treuen Raben wurde zum ewigen Gedächtnis in Stein gehauen und blieb in einem Bogen der Burg erhalten.

»Dieses Kind wird dein Tochtermann und Erbe!«

Der Graf von Calw

Vor mittlerweile ziemlich genau einem Jahrtausend sah sich der Graf Diepold von Calw genötigt, Kaiser Konrads Landfrieden zu brechen. Auf dieser Tat stand nicht weniger als die Todesstrafe und der Graf musste in den Schwarzwald fliehen, wollte er nicht ein frühes Ende finden. Dort versteckte er sich mit seinen Leuten in einem Mühlhaus an der Nagold, nicht weit vom Kloster Hirsau entfernt. Dieses Kloster hatte Helizena, eine reiche fromme Witwe desselben Geschlechts, schon im Jahre 645 gestiftet, und zwar nach einer göttlichen Eingebung. Als Helizena verstorben war, erbaute die Edelfrau Erlafried von Calw dem Kloster eine schöne Kirche.

Einige Zeit später weilte Kaiser Konrad zur Jagd in der Gegend und gelangte just in dieses Tal der Nagold. Dies war zu einer Zeit, als die Frau des Grafen von Calw in den Wehen lag. Den Kaiser schon vor seinem inneren Auge sehend, fürchtete der Graf sich sehr, verließ seine Frau während der Niederkunft und entschloss sich schweren Herzens erneut zur Flucht. Und tatsächlich: Der Kaiser betrat die Mühle kurze Zeit später, um eine Rast zu halten. Während die Frau des Grafen noch immer in den Wehen lag und endlich eines Söhnleins entband, hörte der Kaiser eine Stimme dreimal rufen:

›Dieses Kind wird dein Tochtermann und Erbe!‹

Dem Kaiser schien diese Prophezeiung keine schöne zu sein. Seine Tochter solle nicht für einen solchen Klapperburschen sein. Er befahl zweien seiner Diener, der Mutter das Knäblein wegnehmen, es zu töten und ihm das Herz zu bringen. Die Diener folgten zwar dem Befehl des Kaisers, nahmen der Mutter ihr Kind, aber sie vermochten es nicht zu töten. Sie legten es auf einen Baumzwiesel, fingen einen Hasen und brachten dessen Herz ihrem grausamen Herrn.

Das ausgesetzte Knäblein wurde glücklicherweise kurz darauf von einem ebenfalls auf der Jagd befindlichen Schwabenherzog gefunden. Dieser brachte den Säugling mit nach Hause. Dort musste seine kinderlose Gemahlin so tun, als habe sie den Neugeborenen zur Welt gebracht. Der Herzog nannte ihn Heinrich und nahm ihn zusammen mit seiner Gemahlin im Stillen zum Sohn an, damit sein Gut und Erbe nicht an die lachenden Erben falle.

Es vergingen viele Jahre und eines Tages kam der Kaiser nach Ravensburg, wo jener Herzog residierte. Dem Kaiser gefiel der angebliche Herzogssohn sehr, sodass er ihn mit an sein Hoflager nahm. Aber nach einer Weile kam ihm ein böser Verdacht in den Sinn. Der Kaiser rechnete nach, erinnerte sich der früheren steten Unfruchtbarkeit der Gräfin und kam nach einer Weile zu der Überzeugung, dass dieser Jüngling kein anderer sei als der, welcher nach jenem prophetischen Zuruf sein Eidam werden sollte. Und wieder gedachte der Kaiser, den Jüngling aus dem Weg zu räumen. Er schrieb einen

Brief an die Kaiserin, die in Aachen logierte, und es waren folgende Worte zu lesen:

»Bei deinem Leben gib dem Jungen den Tod.«

Mit diesem Uriasbrief wurde der Jüngling nach Aachen entsendet. Der junge Mann freute sich auf die weite Reise und außerdem darauf, die Kaiserin und vor allem ihre Töchter kennenzulernen, denn diese waren wegen ihrer Schönheit im ganzen Land bekannt. In Speyer kehrte er bei einem Priester ein, den er kannte. Der junge Mann übergab dem Mann Gottes seine Tasche und den Brief darin zur Verwahrung für die Nacht.

Der Priester aber wollte unbedingt wissen, was in dem Brief stand. Dann ließ ihm die Neugierde keine Ruhe mehr. Er öffnete und las ihn. Zu dieser Zeit waren die Pfaffen oft die Einzigen in der Gemeinde, welche lesen und schreiben konnten. Also wurden sie oft als Schreiber von Briefen engagiert und verstanden sich im Öffnen und Schließen dieser Art von Dokumenten.

Mit Grausen las der fromme Mann von dem schrecklichen Befehl und er fühlte Mitleid mit dem unschuldigen Jüngling. Der Priester nahm ein feines Messerchen und ein Schreibrohr. Dann schnitt er sich selbiges geschickt zurecht und begann, manche Teile der Buchstaben langsam wegzuschaben. Mit einer geeigneten Flüssigkeit ergänzte er die fehlenden Linien und änderte alles so geschickt, dass die Zeile nun lautete:

»Bei deinem Leben gib dem Jungen deine Tochter.«

Die Kaiserin wunderte sich zwar über diese unerwartete Anweisung, doch sie war eine treue und gehorsame Frau. Außerdem war gegen des Kaisers Gebot jedes Wenn oder Aber eh undenkbar. Sie gab dem jungen Mann die Tochter zur Frau und das waren die beiden sehr wohl zufrieden, denn sie hatten sich liebgewonnen. Aber der Kaiser wurde sehr zornig, als er davon erfuhr. Doch was half es? Befehl war Befehl.

Schließlich wurde der Kaiser in seinem Verdacht über die Identität des jungen Manns bestätigt und als sich nun alles doch zum Guten gewendet hatte, sprach Kaiser Konrad:

»Wie Gott will, ich halte still!«

Der Kaiser ernannte seinen Schwiegersohn zum Herzog von Alemannien. Nach vielen Jahren im Exil konnte auch der alte Graf von Calw endlich zurückkehren. Man nahm ihn in Gnaden auf und er brachte sein Haus zu hohen Ehren.

Kuno Kolumbus
Der Falkensteiner

Im Kinzigtale lebte der Ritter Kuno von Stein. Eines Tages zog er ins Heilige Land, doch hatte er den Vorsatz gefasst, binnen Jahresfrist wieder zu Hause zu sein. Dies sagte er seiner Frau und setzte hinzu, wäre er nicht nach Ablauf eines Jahres wieder zurück, solle sie seiner nicht länger warten. Wenn es ihm ernst mit dieser Rede war, hatte er von vornherein die Rechnung ohne den Wirt gemacht: In der fernen Zukunft des Jahres 2022 würde man mit einer Pegasus der Lufthansa in nur fünfeinhalb Stunden von Stuttgart bis Jerusalem reisen können. Heute dauerte die rund zehntausend Kilometer lange Hin- und Rückreise alleine fast ein Jahr.

Zu allem Unglück wurde Ritter Kuno von den Sarazenen gefangengenommen und er musste seine Tage mit dem Ziehen eines Pfluges verbringen, wie der Mann der getreuen Frau Florentina. Da erging es Kuno wie dem edlen Möringer und er hörte eine Stimme. Es war allerdings keine Engelsstimme, die ihm zuflüsterte, seine Frau würde bald einen anderen Mann nehmen, und das bereitete Ritter Kuno trotz seines Versprechens großes Kopf- und noch schlimmeres Herzweh.

Plötzlich trat ein kleines Männlein zu Kuno ins Schlafgemach und bot ihm an, ihn wieder nach Schwaben zu führen, wie damals Heinrich der Löwe gen Braunschweig geführt wurde: auf einem Löwen. Die einzige Bedingung war, dass er während der Reise auf des Löwens Rücken nicht einschlafe. Der Ritter von Stein war glücklich über die Gelegenheit, der Fronarbeit zu entfliehen, und gab es dem Männlein mit Blut geschrieben, dass er, wenn er einschlafe, dem Männlein gehöre mit Leib und Seele.

Der Löwenritt durch die Luft war kaum begonnen und schon kam die Müdigkeit den Ritter mächtig an und drückte ihm wie Blei auf die Augenlider. Er war gerade am Einnicken, als er etwas wie eine Backpfeife erhielt, das ihn sofort wieder zur Besinnung brachte. Es war der Schlag des Flügels eines weißen Falken. Der flog über ihm und machte ihn wieder munter, so oft, wie der Ritter es nötig hatte und wenn er dem Andrang des Schlafs nicht mehr widerstehen konnte. Ein Patscher hier, ein Klatschen dort – bis endlich der Morgen graute, der Ritter seinen Stein erblickte und bald darauf im Burghof die Hähne krähten.

Mit einem Mal krachte ein furchtbarer Donnerschlag: Der Löwe warf den Ritter im Hof ab, verschwand mit fauchendem Gebrüll und der von Ritter Kuno unterzeichnete Pakt flatterte zerrissen aus der Luft in seine Hände. Auf der höchsten Turmzinne aber saß der weiße Falke, stieß einen triumphierenden Schrei aus und breitete sein Geflügel dem Sonnenaufgang entgegen.

Der Ritter rief dem Falken seinen Dank entgegen und setzte dessen Bild danach in sein Wappenschild ein. Von nun an nannte er sich nicht mehr einen Herrn von Stein, sondern einen Herrn von Falkenstein.

Im Felde unbesiegt

Der alte Zoller

Der Volksmund hatte einen besonderen Namen für die weltberühmte Burg des Geschlechtes der Hohenzollern, deren Stamm im Lauf der Jahrhunderte eng mit der deutschen und europäischen Geschichte verbunden war: »Der alte Zoller«. Viele Hohenzollern waren in die Zeit gegangen, viele weitere würden noch folgen – bis hin zu Kaiser Wilhelm II.

Nun jedoch war die Zeit von Friedrich VII., genannt der Oettinger. Als der einflussreiche Graf Eberhard von Württemberg verstarb, vertrug Friedrich sich nicht mit dessen Witwe. Ein Wort gab das andere und als die Frau heftigen Einspruch gegen die Behandlung erhob, warf der Hohenzoller die Frage hin:

»Kann mich wohl ein giftig Weib verschlingen?«

Da schrie die Gräfin voller Zorn:

»Hab' Acht, dass ich nicht all dein Gut, dein Schloss und dein Leben verschlinge!«

Von diesem Augenblick an stand ihr nichts anderes im Sinn, als den Zoller zu schädigen. Als dieser mit den Reichsstädten in eine Fehde verwickelt und stark belagert war, kam die Gräfin von Württemberg seinen Feinden mit zweitausend Streitern zu Hilfe. Diese zogen den Ring der Belagerung fest und fester. Alle Zufuhr wurde abgeschnitten und als all sein Hab und Gut aufgebraucht war, brachen die Ulmer in sein Schloss und die Württemberger nahmen ihn gefangen.

Die Gräfin höchstpersönlich ließ ihn in einen finsteren Turm werfen. Sein Gut und sein Schloss hatte sie verschlungen – und auch sein Leben befand sich zu jeder Stunde jeden Tages in ihrer Hand. Doch dies konnte die gekränkte Frau ihm nicht nehmen. Allerdings nahm ihr der Tod das ihrige und der Graf kam frei. Aus Dankbarkeit unternahm er eine Bußfahrt ins gelobte Land und war glücklich, dass sie sein Leben doch nicht verschlungen hatte.

Als der Graf in seinem Glück den Strand von Joppe (heute: Tel Aviv-Jaffa) küsste, überfielen ihn plötzlich wilde Schmerzen in der Brust: Sein Herz hatte während der Zeit im Kerker gelitten. Was er äußerlich so lange ertragen hatte, erwachte nun im Innern mit aller Macht. Der alte Zoller begriff, was ihm widerfahren war, und sagte:

»So hat sie doch auch mich verschlungen.«

Damit sank er in die Arme seiner Knappen und verstarb.

In deutschen Medien sind die Königshäuser Europas noch immer derart häufig vertreten, dass die offenbar sehr vergesslichen Untertanen hierzulande ein paar Jahrzehnte schön streng autokratischer Monarchie als Gedächtnisauffrischung verdienen – ein Piks der Geschichte gegen das Virus freiwilliger Unterwerfung.

Vielleicht lesen jedoch die Königsanbeterinnen und Königsanbeter einfach nur gerne etwas über sich selbst in der Zeitung, denn über mehrere Jahrhunderte hinweg scheinen sich die Verwandtschaftsverhältnisse tatsächlich einem Strich anzunähern. Gerade die verschiedenen Linien der Hohenzollern haben hier einen großen Anteil.

Anders ausgedrückt: Sie, lieber lesender Mensch, haben königliches Blut in den Adern. Sie sind außerdem vermutlich nicht nur mit ihrer besseren Hälfte, sondern auch mit ihren schlimmsten Feinden verwandt, mit jedem Katzbuckler in ihrem Büro, mit der Seite-3-Torfnase du jour und mit diversen österreichischen Einwanderern.

Hier ist der Beweis: Un = 45,9

Diese Zahl bedeutet, dass per statistischer Wahrscheinlichkeit alle Europäer von der 46. Generation vor der heutigen abstammen – falls alle Stammbäume dieser Generation bis heute überlebt haben. Sie sind also vermutlich ein Nachfahre Karls des Großen.

Herzlichen Glückwunsch!

»It ze lützel und it ze viel.«
Burggeist Poppele

Auf der schwäbischen Burg Hohenkrähen, im Volksmund Kreihen genannt, hauste ein wunderlicher Spukegeist. Der musste offenbar schon seit ein paar Jahrhunderten dort umgehen. Selbiger Geist war, als er noch einen menschlichen Leib hatte, ein Vogt auf Hohenkrähen gewesen. Er hieß Hans Christian Poppel und war ein geschäftiges, lustiges Männlein, das die Leute vexierte, das Gesinde stets zur Arbeit anhielt und nebenbei Ränke und Schwänke trieb wie ein Karnevalsnarr. Poppel wünschte sich nichts anderes auf der Welt, als dies jeden Tag tun zu dürfen.

Weil aber auch der Poppel nach aller Welten Lauf nicht ewig leben konnte, führte er sein Geschäft nach dem Tode weiter. Er wurde ein Hilfsgeist und Neckebold, mit Natur und Launen wie Rübezahl persönlich und hieß beim Volk seitdem der Poppele. Seine Hilfe war meist so unerbeten wie unwillkommen:

Er trug zwar die Garben in die Scheune, aber er warf sie dort durcheinander, statt sie auszudreschen. Der Poppele spannte zwar das Vieh an, aber verkehrt herum. Wagen und Kutschen bremste er, wo es nicht nötig war.

Mancher Träger, der zerbrechliche Ware hatte, wurde vom Poppele zum Narren gehalten, indem er sich als Baumstumpf oder als einladende Bank am Wege ausgab. Setzten sich nun die Müden mit ihrem Eierkorb oder den Glaswaren darauf – plumps! Im nächsten Augenblick saßen sie auf dem eigenen Poppel. Baumstumpf oder Bank waren weg, die Hose schmutzig und die Ware zerbrochen.

Manchmal blies der Poppel in stiller Nacht das Posthorn. Dann kam er dem Stadttor von Radolfzell näher, immer näher und der Wächter ging daran, dem Postillion das Tor zu öffnen. Wenn der Wächter dann das Horn dicht vor dem Tor hörte und es sperrangelweit öffnete, so war kein Postillion da – nur in weiter Ferne hörte man, wie der Spukegeist mit einem grellen Lachen verschwand.

Wollte man sich mit dem Poppele gut stellen, so musste man ihn zum Essen oder zum Mitfahren einladen. Dazu musste man sprechen, wenn man wollte, dass er etwas recht und nicht verkehrt tun solle:

»It ze lützel und it ze viel.«

~

Auf dem Heuberg und in dessen Nähe gab es auch andere Heinzelmännchen-ähnliche Kobolde des Namens Poppele. Ganz wie die Erd- oder Bergweibel gab es sie in vielen Dörfern und noch zahlreiche weitere Poppele lebten in Schwaben und im übrigen Deutschland. Alles machten sie verkehrt, doch kannte man sie an anderen Orten unter anderen Namen.

~

Die Benennung Poppele hatte ihre Wurzel vielleicht von Popel oder Popanz und war in ganz Unter-, Mittel- und Oberfranken bis Bamberg gebräuchlich. Dort drohte man den Kindern:

»Ich hole den Popel, wenn du nicht artig bist!«

~

In der Nähe von Pfronten im Achtal spukten wilde Männer auf dem Bärenmoos, vielleicht entfernte Verwandte des Poppele. Einer davon hieß der Scheidbahmann und der hatte es offenbar besonders arg getrieben. Papst Pius VI. höchstpersönlich soll diese spukenden Geister mit Gebet und Segen aus der Gegend verbannt haben.

Andere Quellen berichten, es wäre Kaiser Joseph II. gewesen, der sie hinweggebannt hatte.

Ewig und drei Tage

Der Klopfer und der Staufer Geist

Ganz in der Nähe des berühmten Staufenbergs stand auf stattlicher Höhe das Bergschloss Hohenrechberg. In dieser Burg hauste der Klopfer, ein Geist, manchmal auch Klopferle genannt, der bis auf den heutigen Tag dort umgehen soll. Er unterschied sich jedoch von dem Klopfer im Schloss Flügelau, denn der war ein dienstwilliger Hilfsgeist – bis zu dem Tag, an dem er von einem feurigen Furor gepackt wurde, durch den Schornstein fuhr und das ganze Schloss in Brand steckte.

Der Rechberger Klopfer erschien als ein vorhersagender, ahnungsvoller Geist. Ritter Ulrich II. von Rechberg war zum Krieg in ein fernes Land gezogen und seine Frau Anna von Wenningen hoffte vergebens auf seine Wiederkehr. Der Ritter hatte einen treuen Hund, der sogar Briefe apportierte – wie der kluge Stutzel zu Winterstein. Eine Zeit lang kam er regelmäßig zur Burg und brachte Kunde, endlich aber blieb der Hund ganz aus.

Eines Tages war Frau Anna im tiefen Gebet für ihren Gatten versunken. Plötzlich störte sie ein lautes Klopfen und es dauerte eine Weile, bis sie sich wieder auf ihr Gebet konzentrieren konnte. Gerade, als sie einen Wunsch zum Himmel schicken wollte, klopfte es wieder und sie rief ärgerlich:

»Ei, so klopfe ewig und drei Tage!«

Dann öffnete sie die Tür – und es war der treue Hund. Der aber blickte sie traurig an und hatte keinen Brief dabei. Schon drei Tage später führten Knappen den Leichnam des Rechberger Ritters in sein Schloss. Frau Anna von Wenningen legte ihre Witwenkleider an, doch sie würde nicht wieder aus ihrer Trauer herausfinden. Sie grämte sich zu Tode. Kurz vor ihrem Scheiden aus dem Leben hörte sie das Klopfen wieder. Frau Anna schalt nicht mehr, sondern sagte bloß:

»Ich komme.«

Sie starb drei Tage später. Von dieser Zeit an hat es stets drei Tage vor dem Tod jedes Rechbergers geklopft, ohne dass jemals eine Erscheinung sichtbar geworden wäre.

Das Rechberger Geschlecht stieg zu hohen Ehren auf, wurde in den Grafenstand erhoben und schrieb sich Grafen vom Rechberg und Rothenlöwen. Erstmals im Jahre 1179 in einer Urkunde Friedrich Barbarossas erwähnt, wurde das alte Steinhaus seit 1317 Hohenrechberg genannt und 1577 erfolgte die Erhebung in den Freiherrenstand.

~

Im alten Schloss zu Sachsenheim wohnte ebenfalls ein Unruhe stiftendes Klopferle.

~

Ein anderer Geist wandelte in Gestalt eines Lichtes von Hohenrechberg nach Hohenstaufen und wieder zurück. Dieser Lichtgeist erschien hauptsächlich zur Herbstzeit, unbeirrt durch Sturm- und Regennächte. Manchmal ging das Licht langsamen Schrittes, bald erhob es sich und an anderen Tagen wuchs es wie ein Backofenfeuer.

Es wandelte an der Burg vorbei bis zu einer Stelle unterhalb der Kirche auf dem Burgberg und legte sich dann bis zum Morgenläuten gegenüber an den Hohenstaufen. Die Bewohner nannten dieses Licht den Staufer Geist. Sie mochten es wohl im Stillen dafür halten, dass es ein Licht für sich sei, wie jenes bei der Lerch. Die Sage gibt keinen Hinweis darauf, dass jemand einmal so vorlaut gewesen war, es anzusprechen.

»Bravo, Männchen. Bravo!«

Reißenstein und Riese Heimen-Stein

Gut anderthalb Kilometer weit von der Teck in der Schwäbischen Alb erheben sich die Trümmer von Schloss Reußenstein hoch auf einem steilen Felsen. Dieser Berg samt der Burg hieß früher »Riesenstein«. Ein Riese namens Heim hatte die Burg erbaut. Dieser Riese Heim soll noch heute als Geist in einer langen Felskluft hausen, und zwar dem Heimenstein, dem Reißenstein direkt gegenüber. In dieser Höhle soll der Riese angeblich außerdem noch immer seinen Schatz hüten.

Als Heim den Riesenstein mit Hilfe der Zwerge gebaut hatte, fehlte am obersten Fenster außen noch ein Nagel. Er fasste den erstbesten seiner Hilfsknechte beim Kragen, hielt ihn zum Fenster hinaus und ließ ihn, zwischen Himmel und Erde schwebend, den Nagel einschlagen, dann stellte er ihn sachte wieder auf die Beine und sagte lachend:

»Bravo, Männchen. Bravo!«

~

Es hatte noch einen weiteren Riesen Heim gegeben. Der hauste im Inntal, tötete einen schädlichen Drachen und gewann Herrschaft über das Land. Dann erbaute er eine große Brücke über den Inn und gründete an dieser Stelle einen Ort, den man von dieser Zeit an Innsbruck nannte. Danach ließ der Riese sich taufen und gründete das Kloster Wilten. Dort liegt dieser Riese Heim begraben und das Grab ist vierzehn Schuh und drei Zwergfinger lang.

~

In Hirsau befindet sich eine Riesenkapelle. Dort liegt der Riese Erkinger begraben, ebenfalls in einem vierzehn Schuh langen Grab – und von ihm soll es viele Sagen gegeben haben.

~

Auch an der Murg gab es Riesen. Man nannte sie »Rotmäntel« und »Gundesvolk«.

Göttliche Spuren
Herrgottstritte

Auf der Schwäbischen Alb, im Albuch über Heubach, liegt die Burgruine Rosenstein auf einem steilen und schroffen Felskegel, der dicht von wildem Rosengesträuch überwachsen ist. In ihrer Nähe befindet sich eine tiefe Höhle, die Scheuer geheißen. Diese soll sich sehr weit durch den Berg hindurch erstrecken und außerdem mit der Burg in Verbindung gestanden haben.

Auf dem nahen Hohberg soll eine Stadt, Hochstadt oder Hochstädt genannt, gestanden haben. Diese sei mit der Burg durch eine lederne Brücke verbunden gewesen, wie auch die Burgen Kalenberg und Burgstall bei Friedingen an der Donau.

Auf Burg Rosenstein, so will es die Sage, habe Christus der Herr gestanden. Der Teufel zeigte ihm von dort aus alle Herrlichkeit der Welt und wollte, dass Jesus niederfalle und ihn anbete. Aber Christus warf den Versucher in die nahe Teufelsklinge und trat vom Burgberg hinüber auf den Scheulberg (auch: Schauelberg, heute: Scheuelberg), über das Tal von Heubach hinweg und prägte seine Fußtritte tief in beiden Felsen ein.

Diese Tritte waren seitdem regelmäßig das Ziel von Wallfahrten. Auch ein Marienbild wurde in der Nähe aufgestellt. Die württembergische Regierung allerdings verbot in einem Edikt vom 8. Juni 1740 das Wallfahren und ließ den Herrgottstritt auf Rosenstein mit Pulver wegsprengen. Das gipserne Marienbild wurde eingezogen, um Aberglauben zu verhindern.

~

In der Teufelsklinge, so die Sage weiter, muss der Teufel tausend Jahre gefesselt liegen und grimmige Tränen weinen, die als trübes Wasser aus ihr zutage fließen.

Er soll allerdings schon längst wieder entflohen sein und spaziere jederzeit dorthin, wo es ihm beliebt.

~

Auf dem Scheulberg sollen Wetterkräutlein nahe dem Herrgottstritt gewachsen sein. Die Gewitter hätten sich davor gescheut und sich am Scheitel des Bergs geteilt.

1 Drache + 1 Prinzessin + 3 Kleider = 0 Hochzeit

Von Drachenbergen

In Deutschland gab und gibt es zahlreiche Drachenberge. Ihre Namen bezeugen den tief verwurzelten Volksglauben an Drachen, ein Glaube, der oft mit dem Lindwurm verschmolzen ist und fast überall auf Ungeheuer der Vorzeit hindeutet, die nicht mehr vorhanden sind. Wo immer sich die Sagen von Lindwürmern halten, ist in der Regel die Sankt-Georg-Legende mit ihnen verwachsen. Die vielen drachenhaften Gebilde an Kirchen romanischen Baustils gaben der Sage stets neue Nahrung.

Bei Wurmlingen und seiner berühmten Wallfahrtskapelle sowie in der Höhle am Fuß der Wandelburg hauste und wandelte ein greulicher Wurm. Es wurde behauptet, dass Wurmlingen von ihm seinen Namen hat. Viele sagten, es sei gar ein Pärchen gewesen – Herr und Frau Wurm.

Nahe dem Filstal liegt das Dorf Drackenstein. Dort gab es ein Drachenloch und eine Totenhöhle, ähnlich wie es bei Meiningen einen Drachenberg mit einem Drachen- und einem Bärengraben gab. Der Drache im Drachenloch bei Drackenstein soll dort noch immer geistern. Vielleicht hat Drackenstein deshalb noch heute einen Drachen im Wappen.

Eines Tages entführte der Drache eine Kaiserstochter. Er hielt sie fünf Jahre lang gefangen und wollte sie zu seiner Gemahlin erheben. Doch er gefiel der jungen Frau nicht, obschon er ihr drei herrliche Kleider geschenkt hatte: Auf einem waren die Sterne gestickt, auf dem zweiten der Mond und auf dem dritten die Sonne.

Die Kaiserstochter entkam mit einem Schneider, der ihr im Wald begegnet war. Sie nahm die Kleider mit, heiratete den Schneider und der Drache hatte das Nachsehen.

~

Auch bei Eningen unter Achalm lag ein Drachenberg. Dort sollen zwei hohe Nussbäume gestanden haben, deren Kronen ineinander verschlungen waren. Diese Kronen bildeten das Drachenbett und der Drache habe wie eine ungeheuer große Klapperschlange ausgesehen.

Ein versierter Jäger, der sich nicht nur auf allerlei Kunststücke verstand, sondern auch wohl ein Hexenmeister war, schoss mit einer ganz bestimmten Kugel die Schlange in den Kopf. Sie zuckte noch den halben Drachenberg hinauf, bis sie endlich verstarb.

~

Im Ammental hauste ein greulicher Lindwurm. Ein gewitzter Ritter erlegte den Wurm nur mit einer List: Er kleidete sich über und über mit Spiegeln. Als der Ritter sich dem Wurm näherte und der Wurm sich in den Spiegeln erblickte, näherte er sich im Glauben an einen ihn besuchenden Kameraden – doch im nächsten Augenblick stieß ihm der Ritter seinen Speer ins Herz.

Sagen und Legenden von Geistern, Gespenstern und anderen Gesellen

»Iss nicht nur Milch, iss auch Bröckchen!«
Schlangen als Kindergäste

Ludwig Bechstein leitet hierzu ein:

»Von Schlangen gibt es unzählige Sagen. Nach einer Richtung hin schlingen sich dieselben in die Lindwurmsagen ein, nach der andern haben sie elbische Färbung und gehen in das Reich der Hausgeister über, und wie die Schlangen dort furchtbar erscheinen, so erscheinen sie in letzterer Beziehung traulich. Auf Waldgebirgen zumal ist es eine bekannte Sage, dass man den Unk (die Ringelnatter) nicht töten dürfe, weil er Glück bringe, wo er in einem Hause wohne.«

In Schwamdorf bei Nagold erzählte ein Kind seiner Mutter, dass jeden Tag ein Vöglein zu ihm geflogen komme und zusammen mit ihm von seiner Milch esse. Das verwunderte die Mutter sehr und sie legte sich auf die Lauer. Tatsächlich, kaum hatte die Mutter dem Kind das Essen hingestellt, kam der »Vogel«: Es war eine große Schlange.

Die setzte sich neben das Kind und aß mit ihm, wie das Kind es beschrieben hatte. Die Schlange war nett und friedlich und das Prozedere war lustig anzusehen: Jedes Mal, wenn das Kind einen Löffel voll aus dem Schüsselchen genommen hatte, steckte die Schlange ihren Kopf hinein und tat einen Schluck. Wenn dann die Milch schneller alle wurde als die Brot- oder Semmelbrocken, gab das Kind der Schlange mit seinem Löffelchen einen kleinen Klaps auf den Kopf und sagte:

»Iss et no Ilch, iss au Ickle! (Iss nicht nur Milch, iss auch Bröckchen!)«

Die Schlange ließ es sich gefallen und nach dem Essen spielte sie mit dem Kind.

~

Dasselbe geschah sowohl mit dem Kind eines Rothenburger Weingärtners als auch in Tieringen. Unter einer »Schlappe« versteht man eine Portion (hier: Milch) und dort sagte das Kind also zur Schlange:

»Iss et no Schlappe, iss au Mocke.«

~

Auch in Thüringen, hauptsächlich im Wald, begegnet uns diese Sage häufig. Dort wiederum sprach das Kind:

»Ess net no Nü, ess a Nocke! (Iss nicht nur Brühe, iss auch Brocken).

Kronenspiele

Der Schlangenkönig

Es wird berichtet, dass nicht nur gewöhnliche Schlangen, sondern sogar der Schlangenkönig höchstpersönlich sich bei Kindern eingefunden und einträchtig mit ihnen von ihrer Milch gespeist hatte. Dabei trug er stets sein prächtiges Goldkrönchen auf dem Haupt – und schlabberte abwechselnd Milch und knabberte dann Bröckchen.

Das wurde dem Schlangenkönig allerdings bei einem Seiler in Stuttgart zum Verhängnis. Der zeigte sich sehr wenig gastfreundlich und erschlug den Schlangenkönig, damit er in den Besitz der Krone kam. Dadurch wurde er unermesslich reich und ließ das Haus an der neuen Brücke erbauen, welches später das »Gutbrodsche« genannt wurde.

In Stuttgart wurde von mehreren derartigen Häusern berichtet, deren Erbauer auf dieselbe Art reich geworden seien.

~

Wenn der Schlangenkönig zum Baden in einen Bach ging, legte er jedes Mal erst sein Krönchen am Ufer ab. Wer dieses fand und mitnahm, musste die Beine in die Hand nehmen und laufen, so schnell er konnte: Sobald der Schlangenkönig den Verlust seiner Krone bemerkte, wollte er sie wiederhaben – was ihm auch niemand wirklich verdenken kann. Dann schoss er wie ein Pfeil hinter dem Räuber her. Holte er diesen ein, so war der Räuber verloren und starb eines schmerzvollen Todes. Holte der Schlangenkönig ihn jedoch nicht ein, machte die Krone den Kronenräuber unermesslich reich. Einem Bauern aus Derendingen war dies geglückt.

~

Konnte der Schlangenkönig seine Krone nicht wiedererlangen, kehrte er zu der Stelle zurück, wo sie ihm geraubt wurde. Dort trauerte er um seinen Verlust, grämte sich, war untröstlich und starb – denn er konnte den Verlust der Krone nicht ertragen.

Ludwig Bechstein ergänzte wiederum, mit Lichtenberg'scher Feder:

»[Der Schlangenkönig] ist kein Philosoph, obgleich die Schrift den Schlangen Klugheit zuschreibt – aber wenn einem die Krone genommen wird, da hört alles auf.«

»Hol' mir mal 'ne Flasche Milch, sonst streik' ich hier und schütze nicht weiter.«

Die Schlangenamme

Auch diese Sage wird aus vielen Orten berichtet, sowohl in Schwaben, als auch in anderen Regionen. Es sprengte den Rahmen, sie alle aufzuzählen. Der Sagenstoff »Schlange und Mensch« erfreut sich seit tausenden von Jahren großer Beliebtheit – man erinnere sich zum Beispiel an die Schlange im sogenannten Garten Eden. Auch die Brüder Grimm berichten in ihren »Kinder- und Hausmärchen«, die ab dem Jahre 1812 erschienen, gleich mehrfach von einer ähnlichen Begebenheit, lassen die Schlange allerdings zur Unke werden.

Ludwig Bechstein bestätigte, dass er bei seinen Recherchen diese Sage sowohl durch mündliche Überlieferung als auch in Büchern dokumentiert gefunden habe. Bechstein gab leider nicht preis, an welchem Ort dies geschehen war – und so bleibt uns heute nur die Vermutung, welche Schwabengemeinde hiermit gemeint ist.

Eine Frau aus einem schwäbischen Dorf hatte kürzlich ein Kind zur Welt gebracht. Einige Zeit später musste sie aufs Feld zum Mähen. Sie legte ihren Säugling in den angenehm kühlen Schatten eines Baumes und ging an ihr Tagewerk. Zur Mittagszeit ging sie zu ihrem Kind, nahm es an ihre Brust und ließ es trinken. Dabei sank die Frau in einen wohligen Schlummer. Als das Kind sich satt getrunken hatte, ließ es von seiner leckeren Labequelle ab, machte ebenfalls ein Nickerchen – und die Mutterbrust blieb offen.

Auf einmal kam ein kleines Schlänglein herangeschlichen, ringelte sich leise an die Frau und begann, sanft zu saugen. Dabei saugte sich die Schlange ganz fest und als die Frau erwachte, erfasste sie ein heftiger Schreck: Sie hatte nach dem Sprichwort nicht nur eine Schlange *im* Busen, sondern sogar *am* Busen. Abreißen wollte sie die Schlange nicht, denn die Mutter befürchtete, dass jeder gewaltsame Versuch die Schlange zum Biss reizen und sie töten könnte. Gast und Last wurden daher von der Frau getragen.

Der Schlange bekam die Menschenmuttermilch wunderbar und sie schien mit jedem Tag größer zu werden. War sie zu Beginn erst fingerdick gewesen, wurde sie bald armdick und noch größer. Als jedoch schon zehn Monate vergangen waren, seit die arme Frau die Schlange säugte, begann sie, zu verfallen und all ihre Kräfte zu verlieren.

Zu dieser Zeit kam ein Fremder ins Dorf. Er hörte von dem schweren Missgeschick der Frau und sagte ihr, er wolle sie von ihrer Bürde befreien. Dazu solle sie ihm in den Wald folgen. Dort zog der Mann magische Kreise auf dem Boden, nahm ein Pfeifchen hervor und begann, darauf zu spielen. Sogleich raschelte und knisterte es im Wald und alle Schlangen der Umgebung kamen angekrochen, bewegten sich wie angezogen in die Kreise und tanzten darin. Die mittlerweile große und schwere Schlange ließ von der Frauenbrust ab, schlüpfte in den Kreis und tanzte mit zu der Musik. Wie froh die Frau war, endlich von der hungrigen Schlange erlöst zu sein!

Nach einer Weile, die Frau hatte sich gut erholt und war wieder zu Kräften gekommen, saß sie bei der Arbeit vor ihrer Türe. Eines ihrer Kinder war in den nahen Wald gegangen, um nach Beeren zu suchen. Plötzlich hörte sie die Leute schreien:

»Ein Bär, ein Bär im Walde! Eine Schlange! Hu! Eine Schlange!«

Die Frau dachte entsetzt sofort an ihr Kind und stürzte in den Wald. Da stand tatsächlich ein großer Bär – und gleich daneben lag ihr Kind. Niemand konnte sagen, ob es tot oder lebendig war. Der Bär richtete sich zu voller Größe auf, brüllte laut, wie zum Angriff – doch im nächsten Moment fiel er wie vom Blitz getroffen zu Boden.

Der schlummernde Knabe erwachte von dem Krach und eine mächtige Schlange kam hinter dem Bären hervorgekrochen, den sie soeben erdrosselt hatte, als er das Kind packen wollte. Es war dieselbe Schlange, welche die Frau an ihrer Brust genährt hatte. Nur mit ihrer Milch konnte sie zu solcher Stärke und Größe erwachsen, sonst hätte die Schlange den Bären nie und nimmer erlegen können.

Außergewöhnlich an dieser Sagen-Trilogie ist, dass die Schlange nicht als gefährliches oder gar heimtückisches Wesen dargestellt wird, sondern als gutmütig und freundlich, als harmlos und sehr verwundbar, sowie als Helfer und Retter des Menschen – ein starker Kontrast zur in diesen Landen weit verbreiteten christlichen Lehre.

In der chinesischen Mythologie ist die Göttin Nü Gua (auch: Nüwa, Nü Wa) die Erschafferin der Menschen. Sie wird in der Regel als in der oberen Hälfte als Mensch, in der unteren Hälfte als Schlange dargestellt, was man in Indien Naga und in Griechenland Lamia nannte. Die griechische Lamia wird außerdem als Mutter der ersten Sibylle genannt, deren Nachfahren wir im Kapitel »Mama Morgana« begegnet sind.

Nü Gua reparierte die Himmelssäule, indem sie fünffarbige Sterne zusammenschmolz. Sie brachte Frieden und Gerechtigkeit, als die Elemente im Aufruhr waren – und sie gilt obendrein als Erfinderin der Ehe.

Schlangen haben in unseren Breiten seit zweitausend Jahren schlechte Karten. Zu Unrecht. Insbesondere die Unke, im modernen Sprachgebrauch besser bekannt als Ringelnatter, ist nämlich in Wirklichkeit sowohl für Menschen als auch für Haustiere ungefährlich sowie außerdem ein wichtiger Bestandteil des Ökosystems und ist deshalb laut Bundesnaturschutzgesetz »besondersss geschützzzt«.

Das Geistlein in die Hölle springt, wenn das Geld im Kloster klingt.

Geister auf Weinsberg

Im Weinsberger Schloss gab es schon lange spukende Geister. Der Schlossvogt Konrad von Weinsberg hatte einen seiner Knechte erschlagen. Kurz nach der Tat betete er samstags in der Schlosskapelle und sah, wie der Boden sich öffnete und eine Schar Gestalten wunderlicher Art entstieg. Der Vogt war über diesen Anblick so sehr entsetzt, dass er schwer krank wurde und von nun an nicht mehr in die Kapelle ging. Der Spuk verbreitete sich immer weiter, es polterte im Schloss, Dinge fielen zu Boden und sogar die Burgwächter wurden genarrt. Dann verbreitete er sich auch außerhalb der Burg und es spukte nun auch auf den Mauern des Städtchens, wo ebenfalls die Wächter gequält wurden.

Eines Tages, während einer Wallfahrt zu »Unserer Frau zu den Nesseln«, riet ein geistkundiger Mönch den Weinsbergern, eine Fastenzeit zu halten. Außerdem sollten sie Bittgänge zum Nesselbusch tun und eine stattliche Geldsumme zum Bau des Karmeliterklosters beisteuern – danach würden sich der Geist des Ermordeten und seine Hilfsgeister beruhigen. Man tat wie geheißen, außerdem starb der Vogt und ganz Weinsberg hatte Ruhe vor den Geistern.

Mastektomie im Mittelalter – weil Krieg ist

Wimpfens Name

Wimpfen (heute: Bad Wimpfen) auf dem Berg war vormals eine freie Reichsstadt am Neckar in heiterer Lage. Von alters her soll sie Cornelia geheißen haben, nach Julius Cäsars Gemahlin, soll aber schon zu Kaiser Valerius Probus' Zeiten erbaut worden sein. Später aber, als Attila mit seinen Hunnen durch das Land wütete, haben die Barbaren alle Männer der Stadt erschlagen, die Frauen gepeinigt und ihnen die Brüste abgeschnitten.

Aus diesen Greueltaten – Weib-Pein – soll der Name der Stadt mit der Zeit zu Wippin geworden sein. Dies wurde offenbar so fest geglaubt, dass es am Rathaus in Versen auf einer Tafel geschrieben stand:

»Weibpein, jetzt Wimpfen, sonst gar fein
Mulierum poena zu Latein.«

Geistlose, Geistervölker und die Hölle auf Erden

Der Grafensprung und andere Sagen

Ein besonders steiler Felsenabhang nahe Neu-Eberstein (auch: Schloss Eberstein) wird der Rieß oder auch der Grafensprung genannt. Einer der Grafen von Eberstein saß eines Tages wie so oft mit seinen Zechkumpanen zusammen. Man war es in dieser Gesellschaft gewohnt, über alles Mögliche zu wetten – je abenteuerlicher, desto besser. Der Graf schlug eine besondere Wette vor: Wer den Rieß hinab und wieder hinauf reite, solle Großes gewinnen. Die Ritter erwiderten, das sei unmöglich.

Aber Graf Eberstein hatte anderes im Sinn. Er wollte die Wette abhalten und seinen Gästen etwas Besonderes bieten. Er setzte sich auf seinen zuverlässigen Schimmel und ritt mit demselben Gleichmut den steilen Rieß hinab, wie der Graf von Klettenburg in die Kirche zu Ellrich ritt. Die Ritter sahen es mit Staunen, doch war erst eine Hälfte der Wette erfüllt und nun galt es für den Graf von Eberstein, den Rieß hinaufzureiten.

Tollkühn trieb der Graf sein Pferd den steilen Fels hinan. Immer weiter drehte er die Schraube des Wagnisses und tatsächlich, gleich würde er oben ankommen. Doch jeder Handwerker weiß: Nach fest kommt ab. Der Graf hatte zwar nur noch ein paar Meter, zu seinem Unglück hatte er sich fast bis zur höchsten Höhe gearbeitet – und umso tiefer fiel er nun, sein Pferd überschlug sich mit ihm und beide blieben zerschmettert am Boden liegen.

Seitdem nannte man den Rieß auch Grafensprung, obwohl es eher Grafenfall oder Grafensturz lauten müsste. Nach diesem Tag konnte man oft zu nächtlicher Zeit des Grafen Geist zusammen mit dem Geist des Schimmels herab- oder hinaufreiten sehen.

~

Es wird berichtet, dass um die Ebersteinburgen herum noch zahlreiche weitere Geister ihr Unwesen treiben und zum Beispiel Wanderer in die Irre leiten. Weitere dunkle Gesellen hausen im sogenannten Hilpert bei Gaggenau. Diese Geister wurden von den Pöpelsträgern dorthin getragen und waren für alle Zeiten festgebannt worden.

~

Weiter aufwärts im Murgtal, zwischen Langenbrand und Gausbach, befindet sich im Felsenufer ein mächtiges Geklüfte. Es zieht sich tief in den Berg hinein, ist voller

Geister und heißt: die Hölle. Niemand hat bisher das Ende dieser Grotte erkundet. Zwei Zackenfelsen stehen als Wächter davor, schwarz, drohend und unheimlich starrend.

~

In Forbach lebte vor gut 250 Jahren ein Schulmeister. Er hielt sich für einen starken Geist, weil er nicht an Geister glaubte. Vielleicht bildete er sich auch nur ein, ein starker Geist zu sein, wie so viele seinesgleichen es tun, Magister und Räte, Doktoren und Professoren. Der Schulmeister ging einmal mit seiner Tochter hinunter nach Gernsbach, um etwas zu kaufen. Er sandte sie mit dem Eingekauften voraus, da er noch einiges im Tal zu erledigen hatte. Als er später nachfolgte, dämmerte es bereits.

Als nun der starke Geist von Wiesenbach nach Langenbrand zuschritt, kam er an den Felsen vor der Hölle vorbei. Plötzlich fühlte er sich gar wunderlich angehoben, wie getragen und emporgezogen. Dann bemerkte er, dass er schwebte, in der Luft schwebte, wie ein Nebel. Entsetzt hielt er Hut und Stock fest, wollte schreien, vermochte es aber nicht. Nach einer wie endlos scheinenden Zeit landete er auf einem hohen Steinfelsen. Der war so spitz, dass man unmöglich darauf sitzen konnte, also musste der Schulmeister stehen wie ein Säulenheiliger – und das die ganze Nacht hindurch.

Am Morgen fuhren ein paar Fischer die Murg herunter. Als sie in die Nähe des Geschehens kamen, hörten sie den starken Geist, der auf einem Felsen vor der Hölle stand, fürchterlich schreien. Die Männer holten Hilfe und mit großer Mühe und knapper Not konnte man unter Zuhilfenahme von vielen Leitern den Mann herunterbringen.

Von dieser Nacht an hat der starke Schulmeistergeist an noch stärkere Geister geglaubt. Dieser Glaube kam ihm jedoch nicht mit dem Schauen, sondern mit dem Fühlen – denn ihm war Hören und Sehen für immer vergangen.

Die Hand an der Wiege, der Kiel am Papier

Doktor Faust in Schwaben

Johann Georg Faust wurde tatsächlich mit großer Wahrscheinlichkeit in Knittlingen geboren. Oder in Helmstadt. Oder bei Staufen im Breisgau. Oder in Simmern. Oder in Roda. Oder in Salzwedel.

Doktor Faust soll der Sage nach in Knittlingen geboren worden sein. Auch das Kloster Maulbronn soll ein ausgemauertes Gemach besitzen, das man nur betreten könne, wenn man vom Dormitorium des Klosters durch ein Fenster steige und über mehrere Dächer klettert. In diesem Zimmer soll unser Faustus, das lateinische Wort für »Glücklicher«, seinen letzten Tag erlebt haben: Der Teufel habe den Faust durch das Fenster gezerrt und es soll nichts weiter von ihm zurückgeblieben sein als ein großer Blutfleck – der sich partout nicht entfernen lassen wollte.

Das alte und berühmte Kloster Maulbronn war seit Langem eine bedeutende Klosterschule und Wahrzeichen gab es reichlich. Seit dem ersten Bau fehlte ein Stein: Im linken Seitenschiff unterhalb der Öffnung fehlt im Boden eine Platte. Außerdem waren in einem anderen Stein Maurerwerkzeuge und eine schwörende Hand verewigt. Die das Kloster erbauenden Mönche sollen Räubern geschworen haben, den Klosterbau nicht zu vollenden, und hielten ihrer Meinung nach diesen Schwur, indem sie am Bau einen Stein fehlen ließen. Vielleicht war Doktor Faust in Maulbronn – wie andere das Heilige suchende – beim Streben nach Höherem unters Rad gelangt und von diesem zermalmt worden.

Der Humanist Mutianus Rufus hatte Johann Georg Faust in einer Erfurter Herberge getroffen. In einem 1513 geschriebenen Brief bezeichnet er ihn als »Prahler und Narr«:

»Vor acht Tagen kam ein Chiromant nach Erfurt, namens Georgius Faustus Helmitheus Hedelbergensis, ein bloßer Prahler und Narr. Seine Kunst, wie die aller Wahrsager, ist eitel, und eine solche Physiognomie ist leichter als eine Wasserspinne. Die Dummen sind voller Bewunderung. Gegen ihn sollten sich die Theologen erheben, statt daß sie den Philosophen Reuchlin zu vernichten suchen. Ich hörte ihn im Wirtshaus schwatzen; ich habe aber seine Anmaßung nicht gestraft; denn was kümmert mich fremde Torheit?«

»Ich will dein Fleisch den Vögeln unter dem Himmel geben und den Tieren auf dem Felde.«

Riese Einheer

Im Schwabenlande lebte zur Zeit Karls des Großen ein gewaltiger Riese namens Einheer. Der war auch unter dem Namen Einotheer bekannt, diente dem Kaiser und stammte aus dem Thurgau am Bodensee. Der Riese war von so gewaltiger Gestalt, dass er nicht über Brücken gehen musste, sondern einfach durch das Wasser watete. Sein Pferd zog er dann am Schwanz hinter sich her und wenn es sich sträubte und nicht folgen wollte, sprach er:

»Sperre dich nicht, Gesell', du musst auch hernach!«

Eines Tages hatte Karolus gegen die Winden und Hunnen zu kämpfen. Er nahm den treuen Riesen an seine Seite, denn der nahm es allein mit einem ganzen Heer auf. Daher hatte man ihm auch seinen Namen gegeben, denn Einheer mähte Feinde nieder wie Gras und reihte sie hintereinander an seinem Spieß auf wie Hasen und Füchse. Als der Riese damit wieder ins Lager zurückkehrte, war die Verwunderung groß. Er aber sagte:

»Was wollen mir diese Frösche tun? Ich weiß nicht, was sie quaken, und es macht keine Mühe, gegen solches Gewürm Krieg zu führen, denn ich hänge sie zu Dutzenden auf einmal an meinen Spieß.«

Die Hünen und Winden flohen, wenn sie nur den Riesen Einheer von Weitem sahen, denn sie hielten ihn für den leibhaftigen Teufel.

»Was soll man mit einer Mutter tun, die ihre Kindlein ersaufen lassen will?«

Die Sage vom Kindersegen

Bei Mühlhausen nahe Spaichingen entsprang ein Brunnen. Dort sollte eine Magd sechs der sieben von ihrer Herrin geborenen Säuglinge ertränken. Die Herrin hatte einige Zeit vorher eine Bettlerin sehr schlecht behandelt und war von dieser verwünscht worden. Gerade als die Magd zur Tat schreiten wollte, kam ein Ritter des Weges. Der fragte sie, was um Himmels willen sie tue – und die junge Frau konnte nicht mehr an sich halten, brach in ein lautes Weinen aus und erklärte, was sich zugetragen hatte. Der Ritter hörte sich alles an, wurde mit jedem Wort zorniger und fragte:

»Was soll man mit einer Mutter tun, die ihre Kindlein ersaufen lassen will?«

Die Magd antwortete:

»Man sollte sie lebendig in Öl sieden!«

Der Ritter war allerdings ein Mann der Tat – und so ließ er nach einem derartigen selbstgesprochenen Urteil dieses auch an der Magd ohne Verzug vollziehen.

~

Ebenso erging es einer Ritterfrau von der Burg Wildeck zwischen Schömberg und Rottweil, die den Befehl gegeben hatte, nachdem die Knäblein erwachsen waren.

~

Von einer Gräfin von Altdorf im Schussental wird berichtet, dass sie gleich zwölf kleine Kinder ertränken ließ, ebenso wie eine Frau Irmentritt aus dem Pinzgau.

~

Die Besitzer einer Mühle an der Scherzach bei Weingarten sollen sieben Kinder vor dem sicheren Wassertod gerettet und wie eigene Söhne großgezogen haben. Hier hatte eine Gräfin den Auftrag gegeben – doch weil sie ihre Tat ehrlich und bitter bereute, wurde Gnade vor Recht ergehen lassen und sie musste bis ans Ende ihrer Tage mit ihrer Schuld leben.

~

Am Altdorfer Rathaus sei noch heute ein Bild zu sehen, das die Knaben und ihre Erzieher bei der abscheulichen Tat darstellt.

»Nimm dich in Acht!«

Das Graale

Ein weiteres Mittelding in Schwaben zwischen Gespenst und Kinderscheuche war das Graale, im Schwarzwald auch Butze-Graale genannt. Ein Butzemann, oder Butz, wie zum Beispiel der Knecht Ruprecht. Manche nannten auch den Pelzmärte Graale und in anderen Orten hieß es nicht *das*, sondern *der* Graale. Das wäre ein Fund für den Remusdiftler gewesen. Das war ein alter Märchenerzähler, denn der diftelte (dichtete) den heiligen Gral nach Schwaben und machte zuletzt die Schwabenschüssel in Speier (heute: Speyer) zum Gral.

Hier meinte man jedoch offensichtlich etwas anderes und das Graale schien den meisten Menschen ein Ding zu sein, wie es im Liedchen heißt:

»Zu Steffen trat im Traume
Ein graues Männelein.«

Doch vielleicht steckte noch etwas mehr als ein einfaches Grauchen oder Graalchen hinter diesem Butzemann.

~

In der Gegend um Meiningen, namentlich in Dreißigacker, ängstigten sich die Kinder im Feld gegenseitig, wenn eines die Ähren platt trat. Dann riefen sie:

»Nimm dich in Acht! Des Grile kommt!«

Wie die Kinder sich das Graale vorstellten, ist nicht mehr überliefert. Hier trat das Graale also ähnlich der Kornmutter als Feldhüter auf.

»Tri tra trullala, d'r Käschperle is' da!«

Geist Käsperle

Ein ähnlicher Geist wie der Poppele auf Hohenkrähen war der Kasperle, den man auch Käschperle nannte. Er war zu Lebzeiten ebenfalls ein Vogt gewesen, und zwar in Gomaringen. Er spukte in einem einzelnen Hause, das bei den Leuten nur Unnot genannt wurde. Ähnlich dem bösen Zöllner Starkhart zu Stockstadt machte der Käschperle allerlei Spuk und Krach in Haus und Hof, Stall und Scheuer, Boden und Keller, insbesondere an Weihnachten.

Auch er machte alles verkehrt, wie so viele andere Käschperle. Er molk die Kühe und goss den Eimer in den Schweinetrog, er sammelte die Hühnereier ein und legte sie in den Kuhstall, er band das Heu zusammen und stellte es in den regen. Der Käschperle war ein

Raucher, er plätzte zum Fenster heraus, wie es auch der Schimmelreiter Jäckele getan hatte und er war ein Schnupfer. Manchmal hielt er den Leuten eine Dose hin, die war grün wie ein Kuhfladen. Wollte aber jemand dennoch eine Prise nehmen, so zog er schnell die Dose weg – deren Inhalt außerdem ganz und gar nicht nach Tabak oder Tonkabohnen roch.

Der Käschperle trieb es so doll, dass man sich nicht anders zu helfen wusste: Das Haus, in dem er spukte, wurde abgerissen. Wie es zur damaligen Zeit und seit Jahrhunderten üblich war, wollte man das Baumaterial wiederverwenden. So brachte man das Holz nach Gomaringen und dachte, man sei den Käsperle endlich losgeworden.

Dieser aber wartete, bis der letzte Wagen vollgeladen war. Dann setzte er sich obenauf und machte sich so schwer, dass selbst die stärksten Pferde den Wagen samt seiner Last kaum ziehen konnten – denn der Umzug war nicht nach Käschperles Sinn.

Kaum waren des Hauses alte Schwellen wieder gelegt und die ersten Balken aufgerichtet, war aber auch der Käsperle wieder da. Auch in Gomaringen trieb er seine Possen und spukte, dass einem die Lust am Leben verging. Eines Tages, nachdem der Geist volle sechs Jahre gespukt hatte, kam jemand auf die Idee, den Körper des Vogts auszugraben – und siehe da, der Leichnam wurde völlig unverwest und noch blutig aufgefunden. Man bestattete den armen Vogt, der zeitlebens sicher von eigenen Geistern geplagt worden war, noch einmal ordentlich – und von da an wurde der Käsperle in Gomaringen nie wieder gesehen.

»Schwoabaliesel, heb' dei Fießel!«

Das vierblättrige Kleeblatt

Der Wiesbaum wurde manchmal auch Heubaum genannt. Der Duden schreibt dazu: »Stange, die der Länge nach über dem Heuwagen liegt und der Befestigung des Heufuders dient.«

In Rottweil lebte vor langer Zeit ein Possenreißer, Gaukler und Schausteller. Wann immer sich die Gelegenheit bot, veranstaltete er vor den Leuten auf dem Markt die größten Possen und Schauspiele oder gab den starken Hans nach Art seiner Zunft und verstand sich so trefflich auf Zauberei und Verblendung wie jener Kunstgenosse aus Magdeburg.

Eines Tages vollführte er ein Meisterstück, das man so noch niemals in Rottweil gesehen hatte: Er nahm einen langen, schweren Wiesbaum, stellte diesen auf seine Stirn, nahm dann die Hände weg und balancierte ihn. Danach stellte er den Wiesbaum auf die Zähne, dann auf die Nase und immer schien der Baum wie über ihm zu schweben. Das Volk war begeistert, klatschte und rief Bravo.

Nach einer Weile kam eine Maid mit einem Tragkorb voll Klee, den sie vom Acker für ihre Kälbchen geholt hatte. An ihrem Mieder steckte vorne ein vierblättriges Kleeblatt. Das hatte sie gefunden, sich angesteckt und dabei gedacht:

›Nimm's mit, vielleicht bringt's Glück, dass du was findest oder was geschenkt kriegst.‹

Als sie ihren Weg durch die Menge machte, erblickte sie ebenfalls den Gaukler. Sie hörte das bewundernde Staunen der Leute, so was habe man hier noch nicht gesehen, wie könne es so etwas geben, was für eine große Kunst, und ähnliches. Das Mädchen mit dem vierblättrigen Kleeblatt kräuselte die Stirn und meinte:

»Nun, was verwundert denn die Leut' so sehr? Doch nicht, dass der Narr dort 'n Strohhalm uf seiner Nas' tanze läscht?«

Kaum hatte sie dies ausgesprochen, schwand die Verblendung. Alle Welt sah auf einmal, dass der lange, schwere Wiesbaum nichts weiter war als ein langer glatter Strohhalm. Der Künstler hatte schnell bemerkte, dass das Mädchen ihn verraten hatte, und blieb die Antwort nicht lange schuldig. Er griff schnell in seine Tasche, murmelte ein Hokuspokus, warf der Maid einen Faden Zwirn zu und rief:

»Schau, Mädle, das Wässerle! Schwoabeliesel, heb' dei Fießel!«

Im selben Augenblick war dem Mädchen, als wate sie durch ein Wasser. Schnell hob sie ihre Röcke, um sie vor der Nässe zu bewahren. Aber das Wasser wuchs und wuchs, und die Maid hob und hob, immer höher, immer höher. Plötzlich wurde sie vor Scham dunkelrot wie ihre Kleeblume, denn die Leute lachten laut und lauter. Das Mädchen war froh, als sie dem Bereich des gauklerischen Hexenmeisters entkam. Der hatte ihr eine Lektion erteilt, dass sie nie wieder die Künste anderer verraten würde.

Nichts

Die Erdbeeren

Im Schwabenland ging ein Kind im Wald Erdbeeren suchen. Es hatte sein hübsches Körbchen schon fast voll, als ihm die Mutter Gottes begegnete und es fragte:

»Was hast du in deinem Körbchen?«

Das Kind fürchtete sich und dachte, die Mutter Gottes wolle von seinen Beeren haben und gab deshalb zaghaft zur Antwort, es habe nichts.

»Ei«, sprach da die Mutter Gottes, »ist es nichts, so soll dir auch nichts gedeihen!«

Von diesem Tag soll kein Kind und kein Erwachsener mehr von Erdbeeren satt geworden sein – selbst wenn man noch so viele esse.

Ludwig Bechstein kommentiert hierzu:

»In dieser Sage tritt wieder die Verwünschung durch den Mund der heiligen Gottesmutter als Strafe des Geizes im Bunde mit der Lüge durch Ungedeihen auf, wie in der arabischen Sage von der Erbsensaat auf dem Acker bei Bethlehem.«

Gänsewein, Auslese mit Prädikat

Ganslosener Streiche

Zwischen Owen und Geislingen lag im Gebirge ein schwäbisches Dorf mit dem Namen Ganslosen (heute: Auendorf). Es war eng verwandt mit Dittis im Rhöngebirge und mit dem Ort Schilda, den es in Deutschland tausendmal so gut wie einmal zu geben scheint. Wie die vorgenannten war Ganslosen einer von den Orten, denen der Bequemlichkeit halber alle Schwabenstreiche aufgebürdet werden. Ein Schelm, wer sich Böses dabei denkt.

In Ganslosen gab es, wie auch in Dittis, zahlreiche Geschichten vom Kirchenbau. Als die Ganslosener Kirche vollendet war, brachte man eine Sonnenuhr am Turm an. Diese sollte derselbe Maler malen, welcher den Rottweilerern die Flucht aus Ägypten auf ihre Fahne gemalt hatte. Er hatte getan wie geheißen, allerdings alles mit Wasserfarben – bis auf den Esel, den hatte er mit Ölfarben gemalt. Als dann der erste Regen über die Fahne kam, floss alles dahin, nur das Grautier blieb zurück und die Rottweilerer hatten ihren Spott.

Die cleveren Ganslosener wollten sich beim Gemälde ihrer Sonnenuhr vor ähnlichem Schabernack schützen. Also einigte man sich darauf, ein Dach über die Sonnenuhr machen zu lassen. So hatte man nämlich gleich zwei Fliegen mit einer Klappe geschlagen: Nicht nur konnte der Regen die Farben nicht abwaschen, sondern auch die Sonne konnte sie nicht bleichen oder vergehen lassen.

∾

Eines Tages war man in Ganslosen damit beschäftigt, die Tiefe des neuen Brunnens auszumessen. Ein Maßband war nicht aufzutreiben, doch das hielt die Einwohner nicht von ihrer Aufgabe ab. Man kam überein, dass einer sich an den anderen hänge und man sich in den Brunnen hinablasse, bis man das Ergebnis habe. Mann für Mann kletterte hinunter, und der oberste hielt sich brav am Brunnenrand fest. Zuletzt war der Schultheiß an der Reihe. Schon hing er oben am Rand und alle anderen an ihm. Der Schulze aber wollte noch besser zupacken können und ließ kurz los, um schnell einmal in die Hände zu spucken.

∾

Ganz, wie die Wasunger ihre eigene Hymne hatten, gab es auch in Ganslosen eine solche. Es ging um einen Storch, der sich, wie in Ägypten, göttlicher Verehrung erfreute. Später jedoch musste der Storch von der Saat im Feld gejagt werden – und zwar durch vier Mann, die einen fünften trugen, damit der die Saat nicht vertrete. Die Ganslosener widmeten ihm ein eigenes Storchenfest und sangen dazu ihr Lied:

»Heut' feiern wir
Das hohe Tier
Das uns auf unser'n Wiesen gaht
'S hat ein schwarzweißes Wammes an
Und einen Schnabel wie a Gans
Halleluja!«

Durch die Zeiten hindurch waren die Ganslosener unzählige Male von ihren Landsleuten aufgezogen und gehänselt, mit Streichen und Spott und vielerlei Spitznamen überzogen worden. Eines Tages waren sie den Namen ihres Dorfes leid und wollten ihn, am liebsten mitsamt aller Erinnerung, *ganz los* sein.

Doch manche Menschen, seien es Minister oder Manager, Ballspieler, Bimbesmänner oder Bischöfe, finden auch das kleinste Fettnäpfchen zielsicher im Dunklen. Die Ganslosener baten um die Umbenennung in Auendorf. Von diesem Tag an brauchten die Nachbarn also nur spöttisch zu fragen:

»Is' Ganslosen au e Dorf (auch ein Dorf oder euer Dorf)?«

Aus den Ganslosener Gedankengameten war ein neuer Schwabenstreich geboren.

Menschen in späteren Jahrhunderten sollten lernen, dass unliebsame Tatsachen oder Informationen unterdrücken zu wollen dasselbe sein kann wie mit einem Megaphon darauf hinzuweisen. Man nennt es heute den Streisand-Effekt.

Auszug aus dem Regierungsblatt für das Königreich Württemberg, Jahrgang 1849, Seite 79, Namensänderung von »Ganslosen« in »Auendorf«:

II. Verfügungen der Departements
A) Des Departements des Innern
Das Ministerium des Innern

a) Bekanntmachung, betreffend die Veränderung des Ortsnamens »Ganslosen« in »Auendorf«.

Seine königsliche Majestät haben vermöge höchster Entschließung vom 28. v. M. der Bitte der bürgerlichen Collegien in Ganslosen, Oberamts Göppingen, um die Erlaubniß zur Veränderung des Ortsnamens »Ganslosen« in »Auendorf« gnädigst entsprochen; was hiemit zur öffentlichen Kenntniß gebracht wird.

Stuttgart, den 3. März 1849.

»Trink', trink', Schwesterlein trink'!«
Der Weibertrunk zu Weilheim

In Weilheim bei Tübingen besaßen die Frauen ein ganz besonderes Recht, schöner als jenes Recht der Westheimerinnen mit ihrem Stein und vielleicht ebenso schön wie das heitere Hochgericht zu Marktsteft. Vor langer Zeit war ihnen nämlich eine Eiche geschenkt worden; vielleicht aber hatten sie auch, wie die Frauen zu Dornhan, einmal einer gnädigen Herrschaft die Pferde ausgespannt, sich selbst davor gespannt und danach alljährlich am Aschermittwoch einen Schoppen Wein von dieser Herrschaft erhalten.

Die Frauen durften die Eiche selbst aussuchen, umhauen, verkaufen und den Erlös vertrinken. Das Selbstumhauen war so eine Sache, es ging nur bei eher dünnen Bäumen, für die allerdings nicht viel gezahlt würde. Deshalb wurden die Frauen sich einig, ihre Eiche, und zwar eine ordentlich dicke, dem Dorf gegen eine runde Summe zu verkaufen, die der Bürgermeister alljährlich auszuzahlen hatte. Zum entsprechenden Zeitpunkt griffen sich die Frauen als Gedankenstütze ein paar Äxte, gingen zum Schulzen und sagten:

»Wir wollen unsere Eiche umhauen.«

Wie versprochen empfingen sie ihr Geld und danach fanden sich alle Frauen im Rathaus ein, um zu feiern. Hatte eine Frau häusliche Verpflichtungen, ließ sie ihren Anteil nach Hause kommen. Alle im Rathaus Anwesenden durften so viel trinken, wie sie wollten. Männer sollten eigentlich nicht am Trunk teilhaben – doch geschah es ausnahmsweise dennoch.

Ihr Autor möchte Ihnen Ludwig Bechsteins Schlusswort zu dieser Sage nicht vorenthalten:

»Hernachmals ist aber der alte Brauch und das alte Recht abgeschafft worden, wie so vieles, denn dem Volke möglichst alles an alten Gewohnheiten, Sitten und Bräuchen zu nehmen, mochten sie gut oder schlecht sein, dahin ist von jeher der Sinn der Beamten und der neumodischen Aufklärer gerichtet gewesen.«

Vielleicht hatte Bechstein es gut gemeint. Vielleicht hatte auch der Dichterfürst es gut gemeint, wenn er 1821 in »Wilhelm Meisters Wanderjahre« schrieb:

»Der Mensch an sich selbst, insofern er sich seiner gesunden Sinne bedient, ist der größte und genaueste physikalische Apparat, den es geben kann, und das ist eben das größte Unheil der neueren Physik, dass man die Experimente gleichsam vom Menschen abgesondert hat und bloß in dem, was künstliche Instrumente zeigen, die Natur erkennen, ja, was sie leisten kann, dadurch beschränken und beweisen will.«

Vor zweihundert Jahren noch bejubelt, vor hundertfünfzig schon längst überholt, vor hundert museumsreif, heute eine Lachnummer: Dogma und Ignoranz, besonders in der Kombination als Religion, spielen sich seit Jahrtausenden selbst ins Abseits.

Ob wegen Dimorphismus oder Kultur, wir sind nicht alle gleich. Allerdings hat jeder Mensch die gleichen Rechte und die gleiche Verantwortung. Alles andere ist Unrecht und verantwortungslos – oder wie es Ihr Autor in zeitloser Eleganz ausdrücken würde: Niemand kann sich das Untenrum aussuchen, deshalb kann nur das Obenrum entscheidend sein.

Eine Anleitung für junge Frauen im 19. Jahrhundert

Andreasnacht

In Schwaben war es Brauch, dass in der Andreasnacht (die Nacht vom 29. auf den 30. November) junge Frauen, die ihre Zukünftigen anschauen wollten, allein in ihrer Kammer schliefen und mit dem zwölften Schlag der Mitternachtsstunde den Andreassegen beteten. Dabei galt es, dreimal gegen den Bettstollen zu treten, wie man es auch tat, wenn man zu einer gewissen bestimmten Stunde nachts erwachen wollte.

Wie üblich hatten diese Dinge jedoch einen Haken:

Nachdem es den Segen gesprochen hatte, fühlte manches Mädchen, wie eine eiskalte Hand ihr über das Gesicht fuhr. Das bedeutete: Der Herzallerliebste, der ihr erschien und noch im selben Jahre um sie warb – war der Tod.

Andere entnahmen aus der Begegnung mit dem erscheinenden Liebhaber etwas ähnlich Schreckliches: Messer. Das galt stets als ein sehr unglückliches Omen. Die Zukünftigen würden laut der Sage von einer entsetzlichen Beängstigung befallen werden – und ihren Frauen später vor Angst das Messer ins Herz stoßen.

~

Ein anderer Brauch war, als Mädchen in der Andreasnacht zwischen elf und zwölf Uhr in der Kammer ein brennendes Licht auf den Tisch zu stellen. Dann sollte frau sich völlig entkleiden und, den Rücken zur Stubentür zugewandt, die Stube auskehren. Vorsicht: Man dürfe sich auf gar keinen Fall umdrehen. Dann sehe frau ihren künftigen Ehemann am Tisch sitzen, wie er leibte und lebte.

Eine junge Frau aus Wurmlingen vollführte dieses Zeremoniell. Es schien alles zu gelingen wie beschrieben und sie sah am Tisch ihren Zukünftigen sitzen – der jedoch bereits verheiratet war! Sie schämte sich und dachte, den könne sie doch nicht heiraten. Noch im selben Jahr starb allerdings die Ehefrau – und der Witwer begann, nach einer angemessenen Zeit der Trauer, um die schöne Wurmlinger Magd zu werben.

Es ist manchmal für uns sehr schwierig, den Wandel der Zeit zu verstehen und einzuordnen. Aus diesem Anlass sei Ludwig Bechsteins Version dieser Sage aus dem »Deutschen Sagenbuch« aus dem Jahre 1853 hier angeführt – nach einer kleinen Vorrede:

Ein Jahr zuvor wurde im schwäbischen Balingen die Sozialreformerin Emilie Behr geboren. Sie ließ sich von den dieser Art von Sagen zugrunde liegenden Ansichten nicht beeindrucken und kämpfte zeitlebens für bessere Arbeits- und Lebensbedingungen von Arbeitern und Arbeiterinnen. Das Emilienheim für unverheiratete Frauen wurde nach ihr benannt.

Im Jahre 1873 heiratete sie Robert Vollmöller. Die Ehe brachte zehn Kinder hervor, von denen viele ihre konstruktiven Spuren in der Geschichte hinterließen. Emilie Vollmöller starb nach kurzer Krankheit im Jahre 1894 in Stuttgart. Die Emilienstraße in Vaihingen ist nach ihr benannt.

Im Gegensatz zu Ludwig Aurbacher hatte Ludwig Bechstein sich den Ruf erarbeitet, seine Quellen nicht auszuschmücken oder gar Neues hinzuzudichten, sondern das Gefundene originalgetreu wiederzugeben. Er hat diese Wichtigkeit immer wieder betont und deshalb dürfen wir annehmen, dass er »dem Volk aufs Maul geschaut hat« und seine Wiedergabe dem entspricht, was Mitte des 19. Jahrhunderts in Deutschland auffindbar war.

In diesem Sinne folgt nun das Kapitel »Andreasnacht« aus dem »Deutschen Sagenbuch«, dieses Mal ohne die Einfügung von Absätzen zur besseren Lesbarkeit.

»Solche böse Possen, wie die Fräulein zu Koburg vornahmen, ihre künftigen Liebhaber vorher zu schauen, sind in der Andreasnacht, Christnacht, Thomasnacht und andern heiligen Nächten auch in Schwaben vorgenommen worden. Die Andreasnacht hatte aber den Vorrang neben der Thomasnacht. Da mußten die Mädchen, die ihre Zukünftigen erschauen wollten, allein in der Kammer schlafen und mit dem zwölften Schlag der Mitternachtsstunde den Andreassegen beten, auch dabei den Bettstollen dreimal treten, wie man tut, wenn man zu einer gewissen bestimmten Stunde nachts erwachen will. Der Segen lautet:

Heiliger Andreas (Thomas), i bitt di,
Bettstoll, i tritt di,
Laß mir doch erscheinen
Den Herzallerliebsten meinen,
Wie er geht und steht,
Und wie er mit mi in de Kirchen geht.

Es hat mit diesen und andern Dingen jedoch ein Aber. Manches Mädchen, welches den Segen sprach, fühlte, daß eine eiskalte Hand ihm übers Gesicht fuhr; der Herzallerliebste, der ihr so erschien und sie noch im selben Jahre freite, war dann der Tod. Andre, die dem wirklich erscheinenden Liebhaber etwas entrafften, mehrenteils Messer, sind sehr unglücklich geworden, den auf diese Zauberweise zu ihnen gewaltsam Hinentrückten befiel entsetzliche Beängstigung, und wenn sie dann später unversehens das Messer fanden, stießen sie es den eignen Frauen in das Herz. Ein Brauch ist auch, daß sich in der Andreasnacht die Mädchen, nachdem sie zwischen elf und zwölf Uhr ein brennend Licht auf den Tisch gestellt, völlig entkleiden und, den Rücken der Stubentüre zuwendend, die Stube auskehren; sie dürfen sich aber beileibe nicht umdrehen. Dann sehen sie ihren künftigen Ehemann hinter dem Tische sitzen, wie er leibt und lebt. Eine Dirne aus Wurmlingen machte den Versuch, und siehe – hinter dem Tisch saß ihr Brotherr, welcher schon eine Frau hatte. Nun schämte sich das arme nackte Ding fast zu Tod und dachte, der könne sie ja doch nicht heiraten. Aber noch in demselben Jahre starb die Hausfrau; der Mann gönnte sie dem Himmel von Herzen und freite frischweg die schöne junge Magd.«

Die Entscheidung ist nicht einfach: Soll man alte Geschichten und deren Inhalte an die moderne Zeit anpassen? Sollen Huckleberry Finn, der Struwwelpeter und Pippi Langstrumpf verändert werden, vor allem für Kinder? Oder dürfen wir darauf vertrauen, dass wir uns nachfolgende Generationen ausbilden und ans Steuer lassen, welche nicht nur die Realität vertragen können, sondern auch den Mut haben, sich dieser anzunehmen und sie mit humanistischen und rationalen Werten zu gestalten?

Diese Entscheidung, liebe lesenden Menschen, liegt bei Ihnen.

Abgezockt

Die Untergänger

Je weiter man in der Zeit zurückgeht, desto mehr wird klar, wie wichtig Flur- und Grundstücksgrenzen in einer Zeit ohne GPS, Vermessungs- oder Katasteramt waren. Wer sich eine unterhaltsame Zeit machen will, sehe sich in der Bibliothek alte Karten seines Landkreises oder Bundeslandes an. Man bedenke außerdem, dass vor gerade einmal 500 Jahren noch mindestens ein ganzer Kontinent auf der Weltkarte fehlte – selbst die Schedelsche Weltchronik, ein beeindruckendes Werk aus dem Jahre 1493, ist heute ein ebenso beeindruckendes Zeugnis der Grenzen unserer Gattung.

Als »Untergänger« wurden in Schwaben Feldmesser und Feldrichter bezeichnet, welche die Angewohnheit hatten, Flur- und Triftgrenzen sowie Gemarkungen und Grundstücke unrichtig und zu anderer Menschen Schaden zu vermessen. Sie versetzten Grenz- und Marksteine, zogen Furchen von des Nachbars Acker ab und pflügten diese zu ihrem. Diese Leute waren im gesamten Deutschland derart unbeliebt, dass mit Sicherheit einige Opfer von Richter und Henker in einer Person wurden – und die anderen in Sagen dazu verdammt wurden, auch nach dem Tode keine Ruhe zu finden, schweben oder geistern zu müssen, und zwar oft als Feuermänner und Heerwische (auch: Irrwische).

Von diesen Geistern soll es auch in Schwaben viele gegeben haben und es war nie gut, ihnen zu begegnen. Sie schlugen mit feurigen Ruten und Hacken um sich, umschlangen ihre Opfer mit glühenden Maßbändern. Wenn sich niemand fand, an dem sie ihre Wut auslassen konnten, so gingen sie aufeinander los und prügelten aufeinander, dass die Funken sprühten.

Von diesen Männern, die nach dem Sprichwort Himmel und Erde mit ihrer Falschmesserei betrogen, soll es bei Tübingen gleich fünf Stück gegeben haben. Weitere ihrer Art sah man in der Nähe von Betzingen umherziehen, in der Rothenburger Markung gab es gleich sieben, bei Bühl im Neckartal geisterte ebenfalls einer umher und so ging es offenbar an vielen anderen Orten.

Die Geistermannschaft vergangener Jahrhunderte

Die Schrettele

Ludwig Bechsteins Ausführungen über den Volksglauben vergangener Zeit soll in seiner unveränderten Gänze wiedergegeben werden, damit der lesende Mensch selbst spüren kann, wie weit entfernt oder wie nahe bei uns diese Ansichten sind. Es wurden lediglich Abschnitte eingefügt, damit die im 19. Jahrhundert üblichen Textwände besser lesbar werden.

»Schrat und Schrettele sind unheimliche Wesen, in mannigfacher Beziehung abschreckend und furchtbar gedacht. Dem ursprünglichen Begriff nach ist der Schrat ein struppiger wildhaariger Waldspuk, daher ein wilder Waldschrat, und zwar für beide Geschlechter, der spätre hat sich in der verkleinernden Form Schrättlein zur Nachtmahr ausgebildet. Das Schrattele ist in Schwaben Alp, daher heißt es auch in mancher Gegend bloß Drückerle, Nachtmännle; selbst zottig und zotelig, beim Sichtbarwerden erscheinend, verpfitzt es, indem es gleich der Mahr im Niederland auch die Pferde quält, der Tiere Mähnen, flicht die Weichselzöpfe, saugt an Brüsten und Eutern der Menschen und Tiere, selbst an denen ganz junger Kinder, daß sie aufschwellen. In manchen Gegenden heißen sie Schrecksele, nach Bayern hinein Nettele.

Viele denken sie auch mit den Truden überein, gegen beide wird der magisch mystische Trudenfuß, das Pentalpha, über Türen gezeichnet, dessen Gestalt also. Das ist das Zeichen, dessen in Goethes Faust der Held gegen Mephistopheles gedenkt:

›Das Pentagramma macht dir Pein!‹

Hauptsache ist, daß es mit einem sichern und festen Zuge gezogen werde und in allen Winkeln, an allen Spitzen schließe; da kann kein Geist unter ihm oder über ihm hinweg; schließt es nicht, so ist es wirkungslos. Das nennen die Leute in Schwaben Schrattlesfuß, anderwärts heißt es Trudenfuß. Auch Steine gibt es, welche Schrattlesfüße heißen, es sind Fährtenabdrücke von Sauriern, unters Kopfkissen gelegt, kann kein Schrettele dem Schlafenden beikommen. Als Schrattensteine werden auch in gleicher Weise in manchen Gegenden die sogenannten Donnerkeile, aber durchbohrte, altgermanische Streitkeile von Stein, gebraucht. Als Alp kommen die Schrettele durchs Schlüsselloch und ziehen durch dasselbe wieder hinweg, wie jene Flaumfeder zu Ruhla, und plagen absonderlich gern Wöchnerinnen und Wochenkinder, nehmen auch Tiergestalt an und drücken die Menschen, daß ihnen schier der Odem ausgehen möchte.

Glücklich ward ein Müller kuriert, und schlecht kam eine Trude weg, die ihn schrecklich plagte. Der Gequälte stöhnte und ächzete, konnte sich aber nicht ermuntern. Der Kamrad, der bei ihm schlief, stieg auf, machte Licht und sah einen Strohhalm quer über dem Schlafenden liegen, den er in die Hand nahm. Gleich wachte jener erleichtert auf, und da verbrannten sie den Strohhalm. Nie kam die Trude oder das Schrettele wieder zu dem Mühlburschen, drüben im Nachbarhause aber lag die Frau im Bett und hatte Brandblasen an allen Gliedern. – Sehr probat ist gegen solche Ungetüme ein Schreckselesmesser, das ist einfach ein Messer, auf dessen Klinge drei Kreuze eingegraben sind und das zur Nacht mit der Spitze über sich in die Höhe gehalten wird. Da sticht sich das Schrettele hinein und kommt nimmer wieder.«

Ein Besuch von Frau Thekla

Spinne aus dem Munde

Vor einer Weile gingen zwei Betzinger Frauen zum Mähen aufs Feld. Als sie von ihrer Arbeit ausruhten, klagte die eine über große Müdigkeit – und war auch schon eingeschlafen. Die andere Frau aber blieb wach und wunderte sich, dass ihre Gefährtin so schläfrig war. Plötzlich sah sie, wie der schlafenden Frau eine Spinne aus dem Mund herauskroch und sich bald im Gras verloren hatte.

Sie stieß die Schlafende an, wollte sie wecken und ihr das Gesehene mitteilen. Die wie tot liegende Frau erwachte nicht, sondern lag stocksteif – ganz wie die Frau, welche die Schnitter bei Vilforde vorgefunden hatten: Ihr war ein Tierchen in den Mund hineingekrochen. Bei der Magd aus Unterwirrbach nahe Saalfeld war ein rotes Mäuschen aus dem Mund heraus geschlüpft.

Im Kapitel »Der Steuermann spinnt Seemannnsgarn« aus »Sagen & Legenden von Harz und Kyffhäuser« begegnet uns der Bergmeister Hinten, dem im Schlaf zunächst eine Maus aus dem Mund herausschlüpfte und ihn erst erwachen ließ, als sie wieder hineingewitscht war.

Die Betzinger Frau wartete eine halbe Stunde, bis die Spinne endlich wiederkam und der Schlafenden in den offenen Mund hineinkroch. Gleich darauf erwachte diese und raffte sich auf, als sei nichts geschehen. Beide gingen wieder an die Arbeit, doch von diesem Tag an grauste es der anderen Frau vor der Schläferin: Sie wusste nun, dass die andere eine gefährliche Drude war und während ihres Schlafes an einem anderen Ort gottweißwas veranstaltet hatte.

Agathe Bauer, Anneliese Braun und ein Erdnussbier

Ach Alm!

Burgen waren die McMansions des Mittelalters. Die damals mit physischer Gewalt ausgetragenen Fehden werden heute zivilisiert mit sozialen und ökonomischen Waffen beigelegt. Zwischen Ritterklischee und Wirklichkeit liegt der Burggraben der Realität: Haben Sie sich jemals gewundert, wie unsere heutige Zeit in ein paar hundert Jahren wahrgenommen wird? Wird Lance Armstrong als erster Mensch sieben Mal auf dem Mond gewesen sein? War Boris Beckers Wohnzimmer in London? Hat Al Gore das Internet und Elon Musk das elektrische Auto erfunden? Werden dies die Sagen und Legenden des 25. Jahrhunderts sein – oder werden sich unsere Nachfahren ein BILD von der Vergangenheit machen, in dem Österreich für die innerdeutsche Mauer bezahlt hat?

Auf dem Achelberg in der Nähe von Reutlingen stand die Burg Achel. Später wurde sie Achalm genannt, doch liegt sie schon lange in Trümmern, wie die meisten ihrer zahlreichen Nachbarburgen in der Schwäbischen Alb. Die Gelehrtensage berichtet, dass sie noch vor Christi Geburt errichtet wurde. Die ältesten bekannten Erbauer und Besitzer sollen jedoch Adelige im Frankenreich gewesen sein. Mehrere Jahrhunderte später war ihr Geschlecht zu riesenhafter Art angewachsen und beherrschte den gesamten Gau. Doch gab es damals allzu viel blutige Fehden – und eine derselben besiegelte auch das Schicksal dieser alten Burg.

Zu Kaiser Konrads Zeiten lebten die Brüder Egino und Rudolf. Sie ließen die stattliche Bergfestung wieder auferstehen. Doch auch dies forderte seinen Tribut: Egino fand ein frühes Ende und lag im Sterben. Rudolf fragte den Sterbenden:

»Wie nennen wir, Bruder, die neugebaute Burg?«

Egino aber fühlte tief im Herzen den bitteren Pfeil des Zeitlichen und brachte nur heraus:

»Ach, Allm…«

Vermutlich wollte er den Allmächtigen anrufen, doch der schnelle Tod hatte seine Zunge in Ketten gelegt. Rudolf erfüllte den letzten Wunsch seines Bruders, nannte die neue Burg Achalm und führte den Bau zu seiner Vollendung.

Bechstein ergänzt wiederum, dass diese Sage erst später entstanden sein soll und dass der Ausruf des Sterbenden den Burgnamen Achel begründet habe:

«Ach all' muss ich verlassen!«

Spvgg Freude 10 – VfL Verzagen 0

Pesttanz zu Immenstadt

Zur Zeit des Dreißigjährigen Krieges wütete in Immenstadt und der ganzen Umgegend eine furchtbare Hungersnot. Zu allem Unglück kam auch noch eine Pest hinzu – und das ganze Land war nichts als Angst und Not, Pein und Schrecken, Jammer und Verzweiflung. Eines Tages hatte einer der Priester oft genug gesehen, wie Angst und allgemeines Verzagen die sonst lebensfrohen Menschen zu todesbleichen Gespenstern machte, und er rief:

»Wo soll das noch hingehen? Lasst fahren Trübsinn und Klage! Lasst Musik erklingen, spielt zum Tanz und haltet Umzüge! Trotzt Tod und Teufel mit Fröhlichkeit!«

Sein Rat wurde befolgt, erst zögernd und von wenigen, dann von mehreren, von vielen, dann von allen – und es war ein großer Erfolg. Die Krankheit wich zurück, den Kranken kam der Appetit wieder und auch der Hunger war bald besiegt:

Es brauchte nur eine Mischung aus freundlicher Zurede und handfester Drohung, damit die Kornwucherer ihre zum Platzen gefüllten Speicher öffneten. Es war hierzulande stets Tradition gewesen, jede Hungersnot zu verschlimmern, indem man das Getreide heute zurückhielt, um es morgen vielleicht auf einen noch höheren Preis zu treiben. Ginge es nach den Spekulanten, sollte sich lieber der Kornwurm fett und satt fressen, als dass man die rappelvollen Speicher öffnete. Zum Andenken hielt man nun jedes Jahr in Immenstadt einen Tanz mit lustigem Umzug: den Pesttanz.

Auch der Schäfflertanz, den die Münchener Fassküfer (auch: Böttcher, Büttner, oder eben Schäffler) alle sieben Jahre hielten, soll sich von einem ähnlichen Ursprung herleiten.

»Ich schwör's bei meinem Eid.«

Breithut und andere Geister

In der Blaubeurer Gegend spukte ein Geist, den man Breithut nannte. Er war einer von den vielen gespenstigen Herumtreibern, trug einen Schlapphut und hatte von diesem seinen Namen. Er hatte seinen Kopf aufgesetzt, den Hut obendrauf und fuhr mit vier kohlpechrabenschwarzen Rappen. Dabei lärmte und posaunte er wie der ewige Fuhrmann, der in der Gegend von Tettnang durch die Nächte schweben muss. Die Rappen des Breithuts aber haben keine Köpfe.

~

Neben dem Breithut gab es noch viele, viele weitere Geister und Geistlein in Schwaben. Man fand sie hier wie Sand am Meer oder wie Knöpfle in den Suppen. Außerdem gab es Scharen von Erdwichteln. Ein Glück, dass diese nicht sichtbar waren, denn man könnte sich sonst kaum noch einkriegen vor Entsetzen.

Man stelle sich vor, alle paar Schritte begegnete einem ein Schlapphut, mit einem Waldschratbart und funkelnden Augen, dann ein Haide, ein Klopfer, ein Käschperle. Man wäre schnell reif für die Insel – oder wenigstens für das nächste Gasthaus.

~

Einer der Geister hieß Huonzel oder Kuonzel, eine Verballhornung von Konradle. Der Kuonzel spukte bei Bühlertann.

~

In der Nähe von Wankheim und Jettenburg ging ein Wiesengeist um und führte die Leute in die Irre.

~

Im Kusterdinger Wald bei Tübingen spukte der Eintöffeler. Er ging barfuß und hatte nur einen Pantoffel an. Sein Hauptvergnügen war es, blitzschnell zu erscheinen und ebenso schnell wieder zu verschwinden. Außerdem konnte er seinen Kopf vom Rumpf schnell auf und ab hüpfen lassen.

~

In Schwäbisch Hall spukte im Salzwerk der Halgeist. Dort nannte man ihn Haalgeist. Einige sagen, er sei es gewesen, nicht der Teufel, der dem Salzsieder seinerzeit die lange Nase zeigte, ihn über den Kocher hinüber auf den Gänsberg schleuderte und höhnisch fragte:

»Ist dees nit a Wurf?«

~

Ein sich gern in Tiere verwandelnder Geist spukte bei Gniebel. Man nannte ihn den Kappelgeist.

~

Bei Riederich spukte einer als Nachtvogel, so groß wie die Tut-Osel, manchmal auch Tut-Ursel genannt. Er flog vor den Wanderern her, äffte sie nach und lachte sie mit einer Menschenstimme aus, wie es auch der Geist Osschaert im Wansland tat.

~

Andere Geister fuhren mit lautem Gekreische in Gestalt eines Lichts blitzschnell den Leuten an die Fenster, sodass sich das ganze Haus erschreckte.

~

Soviel zu den männlichen Geistern. Der weiblichen gab es nicht weniger, sodass die Worte eines alten Schwab wie die Zusammenfassung einer Doktorarbeit klingen:

»I schwör's bei mein'm Eid: Das Schwabeland ischt des geischtreichschte Land unter der Sonne!«

Literatur- und Quellenverzeichnis

[verschiedene Autoren]: Lutherbibel 2017. Stuttgart 2017

Adam, Albrecht: Aus dem Leben eines Schlachtenmalers. Stuttgart 1886

Aurbacher, Ludwig: Ein Volksbüchlein. Band 1. Leipzig 1878/79

Bechstein, Ludwig: Deutsches Sagenbuch. Leipzig 1853

Bechstein, Ludwig: Deutsches Sagenbuch. Meersburg und Leipzig 1930

Bechstein, Ludwig: Hexengeschichten. Halle 1854

Birlinger, Anton; Buck, M. R.: Sagen, Märchen und Aberglauben. Freiburg im Breisgau 1861

Birlinger, Anton: Sitten und Gebräuche. Freiburg im Breisgau 1862

Egenolff, Christian: Sprichwörter / Schöne / Weise Klugredenn. Darinnen Teutscher vnd anderer Spraachen Höfflichkeit [...] In Etliche Tausent zusamen bracht, Frankfurt/Main 1552. Nachdruck Berlin 1968

Fischart, Johann: Affentheurlich Naupengeheurliche Geschichtklitterung Von Thaten vnd Rathen der ... Helden vnd Herren Grandgusier Gargantoa vnd Pantagruel ... Etwan von M. Frantz Rabelais Frantzoesisch entworffen ... inn einen Teutschen Model vergossen. Straßburg 1582

Goethe, Johann Wolfgang von: Sämtliche Werke. Briefe, Tagebücher und Gespräche. Frankfurter Ausgabe in 40 Bänden, einschließlich der amtlichen Schriften und der Zeichnungen, mit Kommentar und Registern. Frankfurt am Main 1985 ff.

Grabbe, Christian Dietrich: Werke und Briefe. Band 2. Emsdetten 1960–1970

Grässe, Johann Georg Theodor: Sagenbuch des Preußischen Staates 1–2. Glogau 1866–71

Grime, James; Haran, Brady: Numberphile, »Every baby is a royal baby«, youtube.com/watch?v=FmohOex4psA. Großbritannien 2019

Grimm, Jacob und Wilhelm: Deutsche Sagen – Vollständige Ausgabe: mit den Illustrationen von Otto Ubbelohde. Köln 2014

Gryphius, Andreas: Horribilicribrifax Teutsch. Stuttgart 1976

Hauff, Wilhelm: Sämtliche Werke in drei Bänden. Band 2. München 1970

Heine, Heinrich: Werke und Briefe in zehn Bänden. Band 5. Berlin und Weimar 1972

Immermann, Karl: Werke. Herausgegeben von Benno von Wiese, Band 3. Frankfurt/Main, Wiesbaden 1971–1977

Kerner, Justinus: Werke. 6 Teile in 2 Bänden, Band 1. Berlin 1914

Meier, Dr. Ernst: Deutsche Volksmärchen aus Schwaben. Aus dem Munde des Volks gesammelt und herausgegeben von Dr. Ernst Meier, außerordentlichem Professor der morgenländischen Sprachen an der Universität Tübingen. Stuttgart 1852

Mörike, Eduard: Werke und Briefe. Historisch-kritische Gesamtausgabe in 28 Bänden. Stuttgart 1967 ff

Nietzsche, Friedrich: Werke in drei Bänden. Band 1. München 1954

Uhland, Ludwig: Alte hoch- und niederdeutsche Volkslieder. Liedersammlung in 5 Büchern. 2 Bände. Stuttgart und Tübingen 1844–1845

Uhland, Ludwig: Uhlands Schriften zur Geschichte der Dichtung und Sage. Sechster Band. Stuttgart 1868

Uhland, Ludwig: Sagenforschungen. Stuttgart und Augsburg 1836

www.auendorf.net/archiv/namensaenderung1849.pdf